Russian

WORKBOOK

Natalia Walker

Workbook series devised by Lynne Strugnell

Russian Workbook written by Natalia Walker

© 1995 Berlitz Publishing Co., Ltd.

Berlitz Publishing Co., Ltd., Berlitz House, Peterley Road, Oxford OX4 2TX, UK

Berlitz Publishing Co., Inc., 257 Park Avenue South, New York, NY 10010, USA

ISBN 2-8315-5084-X

First Printing 1995. Printed in UK.

CONTENTS

Introduction

For over a century, Berlitz language courses and books have helped people learn foreign languages for business, for pleasure and for travel – concentrating on the application of modern, idiomatic language in practical communication.

This *Berlitz Russian Workbook* is designed for students who have learned enough Russian for simple day-to-day communication and now want to improve their linguistic knowledge and confidence.

Maybe you are following an evening class or a self-study course and want some extra practice – or perhaps you learned Russian some time ago and need to refresh your language skills. Either way, you will find the *Berlitz Russian Workbook* an enjoyable and painless way to improve your Russian.

How to Use the Workbook

We recommend that you set yourself a consistent weekly, or, if possible, daily study goal – one that you can achieve. The units gradually increase in difficulty and have a continuous storyline, so you will probably want to start at Unit 1.

Each unit focuses on a specific topic or situation: introducing yourself; eating out; travel; leisure activities and many more. Within the unit you will find exercises and word puzzles that build your vocabulary, grammar and communication skills. The exercises vary, but each unit follows the same basic sequence:

Match Game	relatively easy matching exercises that introduce each topic
Talking Point	a variety of exercises based on lively, idiomatic dialogues. Read these dialogues thoroughly, as they introduce the language you will use in the subsequent exercises
Word Power	imaginative vocabulary-building activities and games
Language Focus	specific practice in problem areas of grammar
Reading Corner	challenging comprehension questions based on a short text
Write Here	short writing tasks using key vocabulary and grammar from the previous exercises

We have provided space for you to write the answers into your Workbook if you wish, although you may prefer to write them on a separate sheet of paper.

If you want to check the meaning of a Russian word, the Glossary at the back of the Workbook gives you its English translation. The Reference section offers a handy overview of the essential structures covered in this Workbook, and you can check all of your answers against the Answer Key.

We wish you every success with your studies and hope that you will find the *Berlitz Russian Workbook* not only helpful, but fun as well.

UNIT 1 : Nice to meet you!

Unit 1 is about meeting people and introducing yourself. You'll also practice naming things and describing where they are.

Match Game

1. Кто? Что? Где?

Match the questions on the left with the answers on the right.

1. Кто э́то?	( )	a. Они́ до́ма.
2. Где парк?	( )	b. Э́то Ни́на.
3. Он инжене́р?	( )	c. Она́ здесь.
4. Что э́то?	( )	d. Да, он инжене́р.
5. Где она́?	( )	e. Э́то дом.
6. Где де́ти?	( )	f. Он там.

Talking Point

2. Меня́ зову́т Джим. А Вас?

A Russian businessman, Oleg Sokolov, meets an American student, Jim Wilson, on the plane to Moscow. Read their conversation and then complete the sentences below, choosing the correct alternative.

Оле́г: (pointing to the seat) Извини́те, э́то ме́сто свобо́дно?

Джим: Да, пожа́луйста. Сади́тесь.

Оле́г: Спаси́бо. Вы говори́те по–ру́сски?

Джим: Да, немно́го. Меня́ зову́т Джим Ви́лсон. А Вас как зову́т?

Оле́г: О́чень прия́тно. Меня́ зову́т Оле́г Никола́евич Соколо́в. Мо́жно про́сто Оле́г.

Джим: О́чень рад. Вы тури́ст?

Оле́г: Нет, я не тури́ст. Я бизнесме́н.

Джим: Как интере́сно! Отку́да Вы?

Оле́г: Я из Москвы́. А Вы?

Джим: Я студе́нт. Я из Бо́стона.

Оле́г: Пра́вда! Краси́вый го́род!

1. Э́то ме́сто _____. (свобо́дно/за́нято)

2. Оле́г _____. (бизнесме́н/тури́ст)

3. Джим говори́т по–ру́сски _____. (хорошо́/немно́го)

4. Джим из _____. (Бо́стона/Ло́ндона)

5. Бо́стон _____ го́род. (ма́ленький/краси́вый)

Word Power

3. Лю́ди и ве́щи

Ask questions about the pictures and answer them using the words given in the box.

дом   окно́   письмо́   ру́чка
врач   кни́га

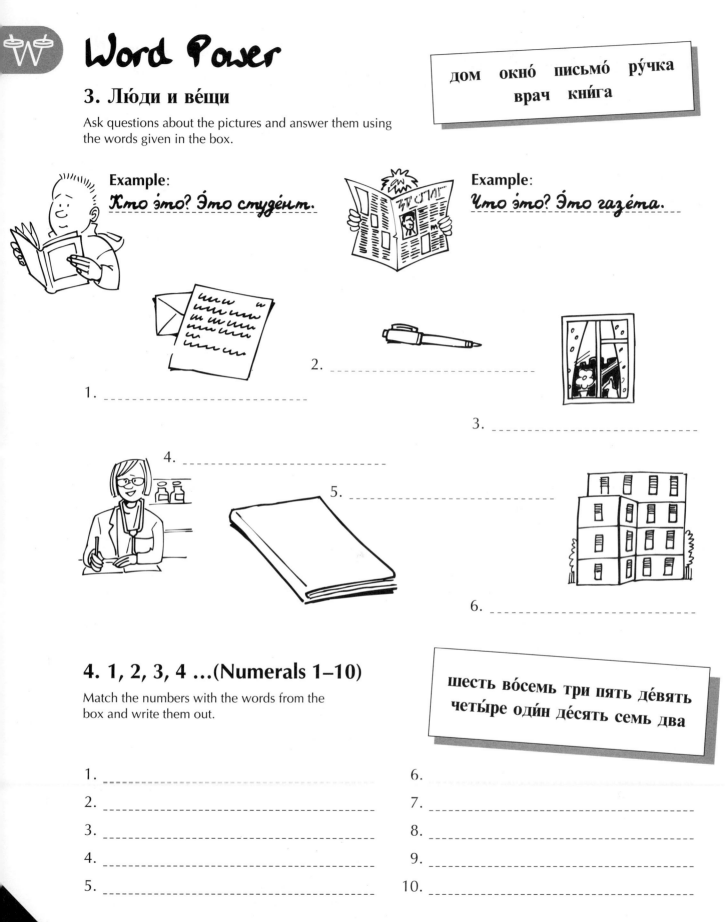

Example:
Кто это? Это студе́нт.

Example:
Что это? Это газе́та.

1. _____

2. _____

3. _____

4. _____

5. _____

6. _____

4. 1, 2, 3, 4 …(Numerals 1–10)

Match the numbers with the words from the box and write them out.

шесть во́семь три пять де́вять
четы́ре оди́н де́сять семь два

1. _____   6. _____

2. _____   7. _____

3. _____   8. _____

4. _____   9. _____

5. _____   10. _____

Language Focus

5. Он? Она́? Оно́?

Sort these nouns into masculine, feminine, and neuter and put them in the correct category.

уро́к пе́сня письмо́ ка́сса
ма́льчик автомоби́ль мать
кино́ подру́га со́лнце геро́й
ночь календа́рь ме́сто
земля́ друг страна́ пла́тье

OH (masculine)   1.   –   *го́род* ----------------------------

                2.   ь   *Кремль* ----------------------------

                3.   й   *трамва́й* ----------------------------

OHÁ (feminine)   4.   а   *Москва́* ----------------------------

                5.   я   *тётя* ----------------------------

                6.   ь   *дочь* ----------------------------

OHÓ (neuter)   7.   о   *окно́* ----------------------------

                8.   е   *мо́ре* ----------------------------

6. Вот здесь. Вон там.

Using the words in the box, write questions and answers about where each person or thing is, as in the example.

дом заво́д
магази́н
метро́
ка́сса
шко́ла

Example:

Где Ива́н? Вот здесь.

Где ма́ма? Вон там.

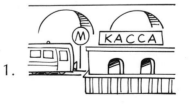

1. --

----

2. --

----

3. --

Reading Corner

7. Познакóмьтесь, éто Нúна.

Read Nina's letter to her English penpal
and then answer the questions.

1. Как её зовýт?

----

2. Кто онá?

----

3. Скóлько ей лет?

----

4. Откýда Нúна?

----

5. Нúна говорúт по-англúйски?

Здрáвствуй, дорóгой друг!
Меня зовýт Нúна Ивáновна
Пáвлова. Мóжно прóсто Нúна.
Мне 29 лет. Я врач. Я говорю
по-англúйски немнóго. Я из
Москвы. Вот мой áдрес.
РОССИ́Я
гóрод Москвá
ýлица Тверскáя,
дом 64, квартúра 15.
Телефóн: 465-97-93
Всегó хорóшего. Жду отвéта.
До свидáния, Нúна.

Write Here

8. Анкéта

Jim Wilson has filled out the form below. Can you fill out the similar one about yourself?

Анкéта

Странá: США

Фамúлия: Вилсон

Úмя: Джим

Профéссия: студéнт

Áдрес: гóрод Бóстон,
ýлица Грин,
дом 7,
квартúра 3.

Анкéта

Странá: ----------------

Фамúлия: ----------------

Úмя: ----------------

Профéссия: ----------------

Áдрес: ----------------

UNIT 2: Meet my family!

Unit 2 is about family and friends, and about where people are.

Match Game

1. Questions and answers

Match the questions on the left with the appropriate answer on the right.

1. Как Вы поживаете? ( )	a. Меня зовут Нина.
2. Как Вас зовут? ( )	b. Я из Москвы
3. Откуда Вы? ( )	c. Спасибо, хорошо.
4. Сколько Вам лет? ( )	d. Скоро 19.
5. Где метро? ( )	e. Она врач.
6. Кто она? ( )	f. Вон там.

Talking Point

2. Вот моя семья.

Oleg is showing a picture of his family to Jim. Read their conversation and fill in the blanks with the pronouns from the box.

моя Ваша
её его мой
Ваши ей ему
Вас меня

Олёг: (showing the photo) Вот фотография. Посмотрите. Это _____ семья. Здесь мы все Соколовы.

Джим: (looking at the photo) Это _____ жена?

Олёг: Да, это _____ жена. _____ зовут Лариса.

Джим: Очень приятная женщина. Она работает?

Олёг: Да, она медсестра. Она работает в поликлинике.

Джим: А это _____ дети?

Олёг: Так точно. Это _____ дети: Таня и Иван. Таня учиться в Университете. _____ 19 лет. А сын ещё в школе, _____ только 12. А у _____ есть семья?

Джим: Нет, ещё нет. Я не женат. Но у _____ есть родители, брат и сестра.

Олёг: Они живут в Бостоне?

Джим: Нет, недалеко от Бостона, в деревне.

Word Power

3. Ско́лько Вам лет?

Look at the chart and write out in full how old the members of the Sokolov family are. Follow the example.

Кто	Во́зраст
1. Оте́ц	40
2. Мать	38
3. Дочь	19
4. Сын	12
5. Ба́бушка	59
6. Де́душка	61

1. *Это оте́ц. Ему́ со́рок лет.*

2. _____

3. _____

4. _____

5. _____

6. _____

4. Кто есть кто?

Ivan (on the left at the back) is talking about his family. Read his description and fill in the blanks with the appropriate words from the box.

> оте́ц мать семья́ роди́тели ба́бушка де́душка тётя дя́дя сестра́

«Э́то на́ша _____ . Вот мой _____. Оле́г Никола́евич Соколо́в – мой _____, а Лари́са Па́вловна – моя́ _____. Ря́дом сидя́т моя́ _____ Тама́ра Серге́евна и мой _____ Никола́й Миха́йлович. Спра́ва сиди́т моя́ _____ Та́ня. У меня́ ещё есть _____ Ли́да и _____ Бори́с. Но их нет на фотогра́фии. Они́ живу́т в Са́нкт-Петербу́рге.»

Language Focus

5. У Вас есть семья?

Complete the sentences choosing the nominative or genitive case of the nouns given in parentheses.

1. У меня́ есть _____. (семья́/семьи́)

2. У тебя́ нет _____. (жена́/жены́)

3. У него́ нет _____. (мать/ма́тери)

4. У неё нет _____. (муж/му́жа)

5. У Вас есть _____. (брат/бра́та)

6. У нас нет _____. (де́ти/дете́й)

7. У них есть _____. (дочь/до́чери)

6. Кто где рабо́тает?

Conjugate the verb "to work" in the present tense, choosing the correct ending from the box.

1. Я рабо́та_____ в фи́рме «Де́льта».

2. Ты рабо́та_____ в магази́не.

3. Он рабо́та_____ в рестора́не.

4. Она́ рабо́та_____ в поликли́нике.

5. Мы рабо́та_____ в па́рке.

6. Вы рато́та_____ в библиоте́ке

7. Они́ рабо́та_____ в Университе́те.

-ет
-ю
-ем
-ешь
-ют
-ете

7. B or на?

Put the words in the box into the prepositional case and decide whether they take в or на.

у́лица библиоте́ка стадио́н вокза́л парк по́чта рабо́та шко́ла теа́тр заво́д ко́мната магази́н

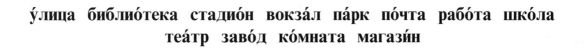

Reading Corner

8. У Вас есть друзья?

Read Oleg's description of his friend's family and correct any statements below that are false.

«Это семья́ Холоде́нко. Они́ на́ши друзья́. Воло́дя Холоде́нко мой друг. Мы рабо́таем вме́сте в фи́рме «Де́льта». Воло́дя – бухга́лтер. Его́ жена́ И́ра не рабо́тает. Она́ домохозя́йка. И́ра о́чень хоро́шая и до́брая же́нщина. В семье́ тро́е дете́й: две де́вочки и ма́льчик. До́чери Ната́ша и Лю́ба – студе́нтки, а сын Артём – шко́льник. Э́то о́чень хоро́шая и дру́жная семья́.»

1. Воло́дя Холоде́нко – брат Оле́га.

----

2. Воло́дя рабо́тает на заво́де.

----

3. И́ра домохозя́йка.

----

4. В семье́ два ма́льчика и де́вочка.

----

5. Э́то хоро́шая и дру́жная семья́.

Write Here

9. Письмо́ в Росси́ю

Write a letter to a Russian penpal about yourself and your family. We have started the letter for you.

Здра́вствуй, дорого́й друг!

UNIT 3: What a nice apartment!

Unit 3 is about the home and the things in it. You'll also practice using various question words.

Match Game

1. Где ко́шка?

Match the picture with the appropriate phrase.

a. на сту́ле
b. ме́жду дива́ном и кре́слом
c. под окно́м
d. за дива́ном
e. пе́ред две́рью
f. у телеви́зора
g. в углу́

Talking Point

2. На́ша но́вая кварти́ра

Jim is visiting Oleg's new apartment. Oleg describes the various rooms as he shows him around. Fill in the blanks with the more appropriate alternative.

Оле́г: Здра́вствуте. Входи́те, пожа́йлуста. Вот на́ша _____ (ста́рая/но́вая) кварти́ра.

Джим: Кака́я _____ (плоха́я/хоро́шая) кварти́ра! Вы давно́ здесь живёте?

Оле́г: Да нет, неда́вно. То́лько два го́да. В кварти́ре три ко́мнаты: гости́ная, спа́льня и де́тская. А та́кже ку́хня и ва́нная.

Джим: Мне ка́жется, э́то доста́точно _____ (больша́я/ма́ленькая) кварти́ра.

Оле́г: Ну что, Вы! Э́то _____ (обы́чная/необы́чная) моско́вская кварти́ра. Проходи́те, пожа́луйста, в гости́ную. Сади́тесь.

Джим:	(in the sitting-room) Кака́я _____ (све́тлая/тёмная) ко́мната! Здесь два окна́ и _____ (высо́кий/ни́зкий) потоло́к.
Оле́г:	Да, я о́чень дово́лен кварти́рой. Гости́ная о́чень _____ (удо́бная/неудо́бная) ко́мната. Вам чай, ко́фе?
Джим:	Чай, пожа́луйста.
Оле́г:	С лимо́ном?
Джим:	Нет, с молоко́м, е́сли мо́жно. С лимо́ном э́то _____ (англи́йский/ру́сский) чай.
Оле́г:	Хорошо́. Мину́точку. Я сейча́с.

Word Power

3. Find the word

There are eight things you would expect to find in an apartment hidden in the word square. Can you find them? One has been done for you.

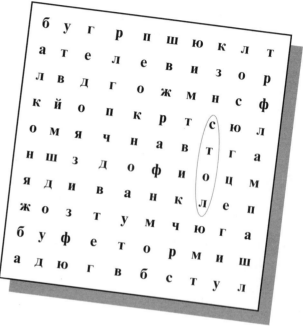

4. Odd man out

Circle the word which doesn't belong to the location.

1. гости́ная: ковёр, кре́сло, дива́н, (ва́нная,) дверь, буфе́т.

2. спа́льня: крова́ть, нож, шкаф, одея́ло, поду́шка, ла́мпа.

3. ку́хня: ло́жка, ви́лка, крова́ть, таре́лка, ча́шка, стака́н.

4. ва́нная: туале́т, мы́ло, шампу́нь, стол, зе́ркало, душ.

5. кабине́т: телефо́н, секрета́рь, ру́чка, душ, каранда́ш, бума́га.

Language Focus

5. Nominative or genitive?

Complete the sentences choosing the correct alternative.

1. В до́ме есть _____ лифт/ли́фта.

2. В кварти́ре нет _____ телефо́н/телефо́на.

3. В гости́ной нет _____ телеви́зор/телеви́зора.

4. В гараже́ нет _____ маши́на/маши́ны.

5. В прихо́жей есть _____ ве́шалка/ве́шалки.

6. В ва́нной нет _____ мы́ло/мы́ла.

6. Plurals

Make the nouns plural using the given examples.

Masculine

-/ы

стол: *столы́*
шкаф: _____
телеви́зор: _____

ь/и

слова́рь: *словари́*
календа́рь: _____
автомоби́ль: _____

г, к/и

ма́льчик: *ма́льчики*
стари́к: _____
утю́г: _____

ч, щ, ж, ш, х/и

нож: *ножи́*
каранда́ш: _____
плащ: _____
мяч: _____
орех: _____

Feminine

а/ы

ла́мпа: *ла́мпы*
ма́ма: _____
карти́на: _____

я/и

ня́ня: *ня́ни*
земля́: _____
пе́сня: _____

г, к/и

кни́га: *кни́ги*
де́вочка: _____

ь/и

две́рь: *две́ри*
ночь: _____

Neuter

о/а

окно́: *о́кна*
письмо́: _____

е/я

мо́ре: *моря́*
пла́тье: _____

7. Where is it?

Fill in the blanks with the appropriate verb from the box.

1. На столе́ _____ кни́га.

2. В углу́ _____ телеви́зор.

3. В прихо́жей _____ пальто́.

4. В ва́зе _____ цветы́.

5. На стене́ _____ фотогра́фии.

6. В столе́ _____ ножи́.

виси́т	вися́т
лежи́т	лежа́т
стои́т	стоя́т

Reading Corner

8. Здесь живёт Та́ня.

Read the description of Tanya's room and then answer the questions.

1. Где живёт Та́ня? _____

2. Кака́я ко́мната у Та́ни? _____

3. Что стои́т у стены́? _____

4. Что лежи́т на полу́? _____

5. Где стои́т пиани́но? _____

6. Кто её люби́мые компози́торы? _____

Э́то Та́ня Соколо́ва. Вы уже́ зна́ете её. Она́ живёт в кварти́ре в Москве́. Вот её ко́мната. Она́ небольша́я, но све́тлая и удо́бная. На полу́ лежи́т ковёр. У окна́ стои́т стол. На столе́ лежа́т кни́ги, бума́ги и но́ты. У стены́ стои́т крова́ть. Напро́тив стои́т шкаф. В шкафу́ вися́т пла́тья, блу́зки, ю́бки и пальто́. Ме́жду шкафо́м и окно́м стои́т пиани́но. Та́ня ча́сто игра́ет на пиани́но. Её люби́мые компози́торы Чайко́вский и Мо́царт.

Write Here

9. Renting an apartment

Jim read this advertisement in the newspaper Санкт-Петербу́рские Ве́домости. He would like to rent the apartment, so he calls to find out the details. Look at the answers he is given, and work out the questions he must have asked.

СДАЁТСЯ: 3-х ко́мнатная кварти́ра. 10-й эта́ж. Ю́жная сторона́. Удо́бства: телефо́н, балко́н. Ку́хня 8кв.м. Ва́нная и туале́т разде́льные. Опла́та в до́лларах. Телефо́н: 241-58-52

Джим: _____?

Го́лос: Да, э́то но́вая кварти́ра.

Джим: _____?

Го́лос: Коне́чно, лифт есть.

Джим: _____?

Го́лос: К сожале́нию, гаража́ нет.

Джим: _____?

Го́лос: Нет, метро́ недалеко́.

UNIT 4: How do I get to Hotel Cosmos?

Unit 4 is about how to ask for and give directions, and how to ask for permission or inquire about the possibility of doing something.

Match Game

1. Adjectives

Match the adjectives on the left with the most appropriate noun on the right.

1. хоро́шая	( )	a. кре́сло
2. ру́сский	( )	b. лю́ди
3. удо́бное	( )	c. гости́ница
4. интере́сные	( )	d. сувени́р
5. совреме́нное	( )	e. глаза́
6. голубы́е	( )	f. зда́ние

Talking Point

2. Где гости́ница «Ко́смос»?

Jim is asking the way to his hotel. Read his conversation with the policeman and then respond to the statements.

Джим:	Извини́те, скажи́те, пожа́луйста, где гости́ница «Ко́смос»?
Милиционе́р:	Гости́ница «Ко́смос»? Ну́жно е́хать на метро́ и́ли на такси́.
Джим:	Э́то далеко́?
Милиционе́р:	Да, далеко́. Четы́ре остано́вки на метро́, а пото́м переса́дка и ещё три остано́вки. Э́то ста́нция метро́ «Щербако́вская».
Джим:	А Вы не зна́ете, где метро́?
Милиционе́р:	Иди́те пря́мо. Ви́дите, вон там перекрёсток?
Джим:	Да, ви́жу.
Милиционе́р:	Иди́те туда́, пото́м напра́во, пото́м нале́во и опя́ть нале́во. Там метро́. Поня́тно?
Джим:	О́чень сло́жно. Я не понима́ю.
Милиционе́р:	У Вас есть план?
Джим:	Да, есть. Вот он.
Милиционе́р:	(pointing to the map) О́чень хорошо́. Вот мы здесь, а метро́ там. Тепе́рь поня́тно?
Джим:	Да, поня́тно. Спаси́бо большо́е.
Милиционе́р:	Не́ за что.

Это так и́ли не та́к?

1. Гости́ница «Ко́смос» бли́зко. _____

2. В гости́ницу ну́жно е́хать на метро́. _____

3. Джим зна́ет, где метро́. _____

4. В метро́ ну́жно де́лать переса́дку. _____

5. У Джи́ма нет пла́на. _____

Word Power

3. Find the answer

Answer these questions using the phrases from the box.

в шко́ле	на доро́ге	в музе́е	в ка́ссе	на по́чте	в кинотеа́ре

1. Где мо́жно купи́ть биле́ты? _____

2. Где мо́жно посмотре́ть фильм? _____

3. Где мо́жно отпра́вить письмо́? _____

4. Где нельзя́ кури́ть? _____

5. Где нельзя́ фотографи́ровать? _____

6. Где нельзя́ игра́ть? _____

Language Focus

4. Куда́ они́ иду́т?

Look at the picture and complete the sentences using the verbs идти́ or е́хать in the present tense.

1. Врач _____.

4. Тракторист _____.

2. Рабо́чий _____.

5. Кло́ун _____.

3. Инжене́р _____.

5. Motion or location?

Complete the sentences choosing the accusative or prepositional case of the noun.

1. Джим живёт в _____. Бóстон/Бóстоне

2. Тáня идёт в _____. библиотéка/библиотéку

3. Олéг éдет на _____. рабóта/рабóту

4. Бáбушка идёт в _____. магазúн/магазúне

5. Он рабóтает в _____. фúрма/фúрме

6. Дéти гуляют в _____. парк/пáрке

6. Где úли кудá?

Use the correct question word где? (location) or кудá? (motion)

1. _____ Вы идёте?

2. _____ онú живýт?

3. _____ Ивáн ýчится?

4. _____ éдет Олéг Николáевич?

5. _____ идёт бáбушка?

6. _____ мóжно купúть сувенúры?

Reading Corner

7. Гости́ница «Ко́смос»

Read the description of the floor layout of Hotel Cosmos and write in the location of the various rooms numbered on the plan.

Сле́ва от вхо́да нахо́дится большо́й рестора́н. Спра́ва от вхо́да нахо́дится небольшо́е ую́тное кафе́. Библиоте́ка нахо́дится ме́жду кафе́ и магази́ном «Берёзка». Телефо́ны нахо́дятся ря́дом с магази́ном. О́коло са́уны нахо́дится спо́ртзал. Позади́ са́уны есть небольшо́й бассе́йн. В углу́ напро́тив рестора́на нахо́дится туале́т. В за́ле стоя́т кре́сла, дива́ны, столы́.

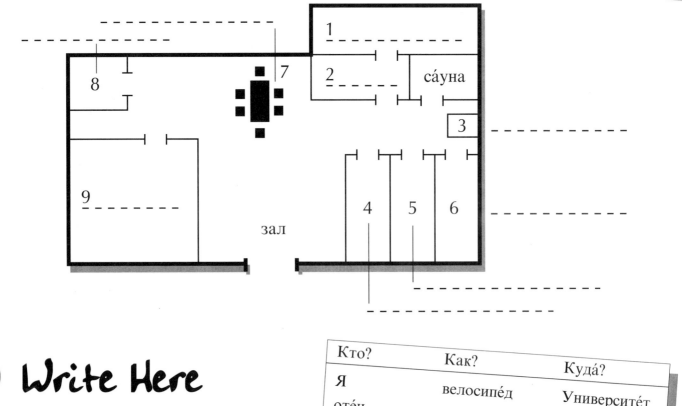

Write Here

8. Куда́ Вы идёте?

Look at the chart and write sentences as in the example.

Кто?	Как?	Куда́?
Я	велосипе́д	Университе́т
оте́ц	маши́на	о́фис
мать	авто́бус	поликли́ника
брат	пешко́м	шко́ла
ба́бушка	пешко́м	магази́н
де́душка	велосипе́д	клуб

Example: *Я е́ду на велосипе́де в Университе́т.*

1. _____

2. _____

3. _____

4. _____

5. _____

6. _____

UNIT 5: We're staying in tonight.

Unit 5 is about daily activities and the time spent doing them. You'll also practice the days of the week.

Match Game

1. Ско́лько вре́мени (Кото́рый час)?

Match the phrases on the left with the time on the right.

1. шесть часо́в
2. че́тверть восьмо́го
3. де́сять мину́т оди́ннадцатого
4. без десяти́ пять
5. без двадцати́ де́вять
6. полови́на четвёртого
7. два часа́

Talking Point

2. Что вы де́лаете?

Oleg and his mother are talking on the phone. Read their conversation and fill in the blanks with the appropriate verb from the box.

Оле́г: Алло́? Кто _____?

Ма́ма: Здра́вствуй, Оле́г. Э́то ма́ма. Как вы _____?

Оле́г: Хорошо́, спаси́бо, ма́ма.

Ма́ма: Что вы сейча́с _____?

Оле́г: Мы _____ сейча́с.

Ма́ма: А что _____ де́ти? Они́ до́ма?

Оле́г: Нет, их нет до́ма. Наве́рное, они́ _____ в па́рке.

Ма́ма: Как Лари́са? Она́ до́ма?

Оле́г: Да, до́ма. Она́ сейча́с _____ кни́гу.

> пожива́ете   говори́т
> рабо́таю   рабо́таешь
> отдыха́ем   чита́ет
> де́лают   де́лаете
> приходи́те   гуля́ют

Ма́ма: Оле́г, ты _____ в суббо́ту?

Оле́г: К сожале́нию, я _____ по суббо́там.

Ма́ма: Как жаль! Ну, ничего́. _____ в го́сти в воскресе́нье.

Оле́г: Спаси́бо, ма́ма. Обяза́тельно придём.

Word Power

3. Кто что де́лает?

Decide which is the appropriate verb to go with each picture and write sentences following the example.

Example: *Та́ня говори́т по телефо́ну.*

1. Оте́ц _____

2. Мать _____

3. Ива́н _____

4. Ба́бушка _____

5. Де́душка и сосе́д _____

4. Мой день

Put Oleg's daily activities in the order in which he would do them. Then write the appropriate 24-hour time next to each activity. We have done the first one for you.

6.30, 6.45, 7.00, 8.15, 9.10, 13.15, 17.50, 18.00, 19.00, 19.40, 21.05, 22.30.

1. Я обéдаю   ☞ *Я встаю полседьмóго.*

2. Я встаю

3. Я éду на рабóту

4. Я принимáю душ

5. Я зáвтракаю

6. Я смотрю нóвости по телевúзору

7. Я кончáю рабóтать

8. Я ложýсь спать

9. Я ýжинаю

10. Я начинáю рабóтать

11. Я читáю газéты

12. Я éду домóй

Language Focus

5. Verbs of motion идтú and ходúть

Read the short dialogues and fill in the blanks with the correct form of the verbs идтú and ходúть.

1. Здрáвствуй, Сáша!

  Здрáвствуй, Áнна!

  Кудá ты _____?

  Я _____ домóй.

2. Привéт, Вúктор!

  Привéт, Андрéй!

  Кудá ты _____?

  Я _____ в бассéйн.

  Ты _____ тудá кáждый день?

  Да, _____.

3. Дóбрый день, Вéра Ивáновна.

  Дóбрый день, Пáвел Петрóвич.

  Кудá Вы _____?

  Я _____ в парк.

  Вы _____ тудá пешкóм?

  Да, я люблю _____ пешкóм.

6. Question words

Select the appropriate question word from the box to complete the questions, and then give answers about yourself.

где?   как?

какáя?   когдá?

кудá?   скóлько?

что?

1. _____ Вас зову́т? _____
2. _____ Вам лет? _____
3. _____ Вы живёте? _____
4. _____ начина́ется Ва́ша рабо́та? _____
5. _____ Вы обы́чно де́лаете в суббо́ту? _____
6. _____ Вы обы́чно хо́дите в воскресе́нье? _____
7. _____ у Вас кварти́ра? _____

Reading Corner

7. У меня́ нет вре́мени.

Oleg has a lot to do. He is writing a letter to his friend Boris complaining how busy he is. Read his letter and fill in the blanks with the appropriate prepositions from the box.

в	за	на	над
от	по	по́сле	с	у

Здра́вствуй, дорого́й Бори́с!
Спаси́бо тебе́ _____ твоё письмо́. Извини́, что не пишу́ тебе́, потому́ что я о́чень за́нят. Обы́чно я встаю́ _____ 6 часо́в утра́. Бы́стро принима́ю душ, за́втракаю и е́ду _____ рабо́ту. Моя́ рабо́та далеко́ _____ до́ма, поэ́тому я е́ду _____ маши́не. Обы́чно ка́ждое у́тро совеща́ние _____ дире́ктора. Пото́м я встреча́юсь _____ представи́телями компа́ний. _____ обе́да я рабо́таю то́лько _____ прое́ктом. Я е́ду до́ма _____ 7 часо́в. Ве́чером я смотрю́ но́вости _____ телеви́зору и́ли чита́ю газе́ты. Обы́чно я ложу́сь спать о́чень по́здно _____ 11 часо́в. И вот так ка́ждый день! _____ меня́ совсе́м нет вре́мени!
До свида́ния, Оле́г.

Write Here

7. Мой обы́чный день

Write out your own diary page for a typical day. These questions will help you.

Вы встаёте? *Я встаю́ в семь часо́в и принима́ю душ.*

Вы за́втракаете? _____

Как Вы е́дете на рабо́ту? _____

Рабо́та начина́ется? _____

Где Вы обе́даете? _____

Когда́ Вы хо́дите в магази́н? _____

Что Вы де́лаете ве́чером? _____

Когда́ Вы ложи́тесь спать? _____

UNIT 6: *Do you like Russian?*

Unit 6 is about likes and dislikes, preferences and hobbies.

Match Game

1. Find the opposite

Match the adjectives to their opposites. One has been done for you.

большо́й   высо́кий   хоро́ший   то́лстый   ста́рый

откры́тый   плохо́й   ни́зкий   коро́ткий   молодо́й

то́нкий   ма́ленький   закры́тый   дли́нный

Talking Point

2. Я люблю́ ру́сский язы́к.

While in Moscow, Jim meets Anna, who is also on a visit to Russia. They are talking about the difficulties of the Russian language. Read their conversation and then respond to the statements.

А́нна: Д́обрый день!

Джим: (surprised) Д́обрый день! Вы говори́те по-ру́сски!? Кака́я прия́тная неожи́данность!

А́нна: Да, мне о́чень нра́вится ру́сский язы́к. Я хочу́ говори́ть по-ру́сски хорошо́.

Джим: Ско́лько лет Вы изуча́ете ру́сский язы́к?

А́нна: То́лько два го́да. Я люблю́ ру́сскую литерату́ру. Осо́бенно мне нра́вятся рома́ны Достое́вского. А Вы?

Джим: Я предпочита́ю поэ́зию, но ру́сские стихи́ сли́шком сло́жные.

А́нна: Я сове́тую Вам бо́льше слу́шать ру́сское ра́дио и смотре́ть телеви́зор. Э́то о́чень помога́ет понима́ть ру́сский язы́к.

Джим: Я не люблю́ смотре́ть телеви́зор и́ли слу́шать ра́дио, потому́ что я ничего́ не понима́ю. Там говоря́т сли́шком бы́стро!

А́нна: Ну, ничего́. Про́сто ну́жно вре́мя и пра́ктика.

Джим: А Вы давно́ в Москве́?

Áнна:	Да, ско́ро год.
Джим:	Вы лю́бите Москву́?
Áнна:	Нет, не о́чень. О́чень большо́й и шу́мный го́род. Я предпочита́ю дере́вню. Там ти́хо и споко́йно.

Э́то так и́ли не так?

1. Áнна лю́бит ру́сский язы́к. ------------------------------------

2. Она́ лю́бит рома́ны Толсто́го. ------------------------------------

3. Ру́сские стихи́ сли́шком сло́жные. ------------------------------------

4. Джим не лю́бит смотре́ть телеви́зор. ------------------------------------

5. Áнна о́чень лю́бит Москву́. ------------------------------------

Word Power

3. Hobbies

Look at the pictures and write sentences describing what these people enjoy doing. Follow the example.

Example: *Бори́с лю́бит игра́ть на гита́ре.* ------------------------------

1. Оле́г Никола́евич ------------------------------------

2. Ива́н ------------------------------------

3. Вади́м ------------------------------------

4. Лари́са Па́вловна ------------------------------------

5. Та́ня ------------------------------------

6. Све́та ------------------------------------

4. Кто что лю́бит?

Look at the chart and write sentences, as in the example, about what food and drink these people like or don't like.

Кто?	Что лю́бит?	Что не лю́бит?
Та́ня	конфе́ты	*во́дка*
Артём	пи́во	шампа́нское
Лари́са	чай	ко́фе
Ива́н	моро́женое	молоко́
Тама́ра	ры́ба	мя́со
Никола́й	во́дка	моро́женое

Example: *Та́ня лю́бит конфе́ты.*
Она́ не лю́бит во́дку.

1. _____
2. _____
3. _____
4. _____
5. _____

Language Focus

5. Вам нра́вится?

Put the pronouns given in parentheses in the dative case and then give your own answers to the questions.

1. (Я) _____ нра́вится ру́сский язы́к? _____

2. (Ты) _____ нра́вится му́зыка Чайко́вского? _____

3. (Он) _____ нра́вится игра́ть в футбо́л? _____

4. (Она́) _____ нра́вятся ру́сские пе́сни? _____

5. (Мы) _____ нра́вится гуля́ть в па́рке? _____

6. (Вы) _____ нра́вятся ру́сские стихи́? _____

7. (Они́) _____ нра́вится А́нглия? _____

6. Хоти́те ко́фе?

Complete the dialogues, giving the reason for your answer, as in the example.

Example: Хоти́те во́дку?

Нет, спаси́бо, не хочу́, *потому́ что я не люблю́ во́дку.*

1. Хоти́те чай и́ли ко́фе?
   Чай, пожа́луйста, потому́ что _____.

2. Хотите пойти на óперу?
   Нет, спасибо, не хочу, потому что _____.

3. Хотите танцевáть?
   Нет, спасибо, не хочу, потому что _____.

4. Хотите послýшать рок-мýзыку?
   Нет, спасибо, не хочу, потому что _____.

Reading Corner

больши́й дóбрый дорогóй зелёный крáсный культýрный политический роднóй ширóкий шýмный экономический

7. Я люблю́ Москвý.

Tanya is telling us about her native city of Moscow. Read the text and fill in the blanks with the appropriate form of the adjectives given in the box.

Москвá – столи́ца Росси́и. Э́то _____, _____, и _____ центр. В Москвé _____ ýличное движéние, поэ́тому это _____ гóрод. Но я óчень люблю́ Москвý, потомý что э́то мой _____ гóрод. Я люблю́ Крáсную Плóщадь, _____ ýлицы и бульвáры, _____ пáрки и сквéры. В _____ врéмя я люблю́ гуля́ть в пáрке Гóрького и́ли катáться на кáтере по Москвé-рекé. Вéчером я люблю́ смотрéть как сия́ют _____ звёзды Кремля́. А ýтром я люблю́ наблюдáть как просыпáется Москвá.

Дóброе ýтро, моя _____ Москва!

_____ ýтро, мой дороги́е москвичи́!

Write Here

Я   Моя́ мáма
Мой пáпа   Мой брат/моя́ сестра
Мой сын/моя́ дочь
Мой друг/моя́ подрýга

8. В свобóдное врéмя

Write what the members of your family like to do on the weekend, using some of the words from the box to help you.

Example: *Мой брат лю́бит игрáть в футбóл.*

_____

_____

_____

_____

_____

28

UNIT 7: How much is this?

Unit 7 is about shopping, asking for various goods, clothing sizes, and prices.

Match Game

1. Како́го цве́та?

Rearrange the letters on the right and match the items to their colors.

1. трава́	( )	a. ыбе́лй
2. лимо́н	( )	b. ёрчынй
3. снег	( )	c. лезнёая
4. у́голь	( )	d. о́лбугое
5. не́бо	( )	e. ска́рйны
6. помидо́р	( )	f. ыре́сй
7. слон	( )	g. лытйже́

Talking Point

2. Что купи́ть ма́ме?

It will soon be Tanya's mother's birthday, and Tanya is shopping for a present with her friend Vera. Read their conversation and then answer the questions.

Та́ня: Ско́ро день рожде́ния ма́мы. На́до купи́ть ей пода́рок.

Ве́ра: Что ты хо́чешь купи́ть ма́ме?

Та́ня: Я ду́маю купи́ть ей краси́вую мо́дную блу́зку. Ма́ма лю́бит краси́во одева́ться.

Ве́ра: Хорошо́. Куда́ мы пойдём?

Та́ня: Снача́ла пойдём в универма́г, а пото́м в магази́н «Же́нская оде́жда».

Ве́ра: (in the department store) Та́ня, посмотри́, кака́я краси́вая блу́зка!

Та́ня: Да, о́чень краси́вая. Но ма́ма не но́сит я́ркие цвета́. Она́ предпочита́ет све́тлые тона́. И пото́м, посмотри́, ско́лько сто́ит!

Ве́ра: Сто пятдеся́т ты́сяч рубле́й! Так до́рого! Мо́жет быть, пойдём в друго́й магази́н?

Продаве́ц: (in the next shop) До́брый день! Что Вы хоти́те?

Та́ня: Я хочу́ купи́ть краси́вую блу́зку.

Продаве́ц:	Для Вас?
Та́ня:	Нет, для ма́мы в пода́рок на день рожде́ния.
Продаве́ц:	Како́го цве́та? Дорогу́ю и́ли дешёвую?
Та́ня:	Голубу́ю и́ли бе́лую, и не о́чень дорогу́ю.
Продаве́ц:	Како́й разме́р?
Та́ня:	Я то́чно не зна́ю. Ду́маю, что 42.
Продаве́ц:	Посмотри́те вот э́ту. Нра́вится?
Та́ня:	О́чень! Спаси́бо большо́е!
Продаве́ц:	Éсли не тот разме́р, то мо́жно поменя́ть. С Вас 80 ты́сяч рубле́й. Плати́те в ка́ссу № 2.

1. Кому́ на́до купи́ть пода́рок? _____

2. Каки́е тона́ ма́ма лю́бит? _____

3. Почему́ Та́ня не купи́ла блу́зку в Универма́ге? _____

4. Каку́ю блу́зку Та́ня хо́чет купи́ть? _____

5. Ско́лько сто́ит блу́зка? _____

Word Power

3. Find the clothes

Rearrange the letters and write the article of clothing.

1. тпа́леь	_____	6. ру́ткак	_____
2. льпао́т	_____	7. фиу́лт	_____
3. ю́костм	_____	8. пкаша́	_____
4. ю́брик	_____	9. рси́тев	_____
5. ба́шруак	_____	10. а́ршф	_____

4. Ско́лько сто́ит?

Write out these prices in full. Notice that Russian does not use a comma for thousands.

1. 250 руб.	_____	6. 71 000 руб.	_____
2. 500 руб.	_____	7. 134 000 руб.	_____
3. 2000 руб.	_____	8. 356 000 руб.	_____
4. 12 000 руб.	_____	9. 490 000 руб.	_____
5. 23 000 руб.	_____	10. 1 000 000 руб.	_____

Language Focus

5. What kind of …?

Choose the correct question word какóй? какáя? какóе? какúе?
and answer the questions using a suitable adjective from
the box in its correct form.

зúмний   лéтний   шерстянóй
шёлковый   кóжаный
вечéрний   мóдный

1. _____ э́то плáтье? _____

2. _____ э́то пальтó? _____

3. _____ э́то костю́м? _____

4. _____ э́то брю́ки? _____

5. _____ э́то ту́фли? _____

6. _____ э́то шарф? _____

7. _____ э́то су́мка? _____

6. Ру́сский сувени́р

Jim has bought Russian souvenirs
for his family and his friends.
Look at the picture and write
suitable questions. Answer them
using the accusative and the dative
case of the nouns, as in the example.

Example: *Кому́ он купи́л самовáр? Мáме.* _____

1. _____

2. _____

3. _____

4. _____

Reading Corner

7. Реклáма

Read the advertisement from the newspaper Российская газéта and answer the questions below.

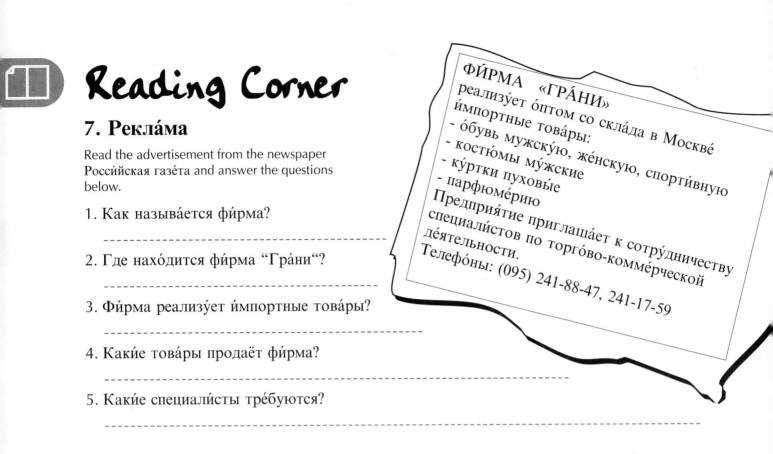

ФИ́РМА «ГРА́НИ» реализу́ет óптом со склáда в Москвé импóртные товáры:
- óбувь мужску́ю, жéнскую, спорти́вную
- костю́мы му́жские
- ку́ртки пуховы́е
- парфюмéрию

Предприя́тие приглашáет к сотру́дничеству специали́стов по торгóво-коммéрческой деятельности.

Телефóны: (095) 241-88-47, 241-17-59

1. Как называ́ется фи́рма?

----

2. Где нахóдится фи́рма "Грáни"?

----

3. Фи́рма реализу́ет и́мпортные товáры?

----

4. Каки́е товáры продаёт фи́рма?

----

5. Каки́е специали́сты трéбуются?

Write Here

8. Shopping questions

Write the questions to these answers.

1. -- .

Да, есть. У нас есть матрёшки и други́е ру́сские сувени́ры.

2. -- .

Самовáр стóит 150 (сто пятьдеся́т) ты́сяч рублéй.

3. -- .

Крáсное плáтье, пожáлуйста.

4. -- .

Мой размéр 40 (сóрок).

5. -- .

Плати́те в кáссу, пожáлуйста.

UNIT 8: Did you have a good weekend?

Unit 8 is about things which happened in the past and also about weekend activities.

Match Game

1. Questions and answers in the past

Match the questions on the left with the most appropriate answer on the right.

1. Ты смотрел футбол в воскресенье?	( )	a. Он смотрел телевизор.
2. Куда ты ходила вчера?	( )	b. Нет, касса была закрыта.
3. Вы купили билеты?	( )	c. Раньше они жили в Москве.
4. Кого Вы видели утром?	( )	d. Нет, но я читал Достоевского.
5. Где они жили раньше?	( )	e. Утром я видела Нину.
6. Что делал Андрей вечером?	( )	f. Нет, не смотрел, я был занят.
7. Вы читали Толстого?	( )	g. Я ходила в кино.

Talking Point

2. Выходные дни

Jim is talking on the phone with his Russian friend Andrei about how he spent his weekend. Read their conversation and fill in the blanks with the past tense of the verbs given in parentheses.

Андрей: Алло? Привет, Джим. Как поживаешь? Как ты _____ (провести) выходные дни?

Джим: Спасибо, неплохо. В субботу, как обычно, _____ (ходить) в библиотеку и _____ (работать) там до 5 часов.

Андрей: А что ты _____ (делать) в субботу вечером? Я _____ (звонить), но тебя не _____ (быть) дома.

Джим: Я _____ (ходить) на дискотеку в Университетское кафе.

Андрей: Ну и как, понравилось? Кого ты там _____ (встретить)?

Джим: Я _____ (видеть) Артёма и Таню. Мы много _____ (танцевать) и _____ (смеяться). В общем, _____ (быть) весело.

Андрей: А где ты _____ (быть) в воскресенье?

Джим: Друзья́ _____ (пригласи́ть) меня́ за́город ката́ться на лы́жах.

Андрей: Вы _____ (е́здить) на маши́не и́ли на электри́чке?

Джим: На электри́чке, коне́чно. Мы отли́чно _____ (провести́) вре́мя! Андре́й, а что ты _____ (де́лать) в выходны́е дни?

Андре́й: Ничего́ осо́бенного. Я _____ (быть) до́ма, никуда́ не _____ (ходи́ть). В суббо́ту _____ (смотре́ть) телеви́зор, а в воскресе́нье _____ (писа́ть) письмо́ ма́ме. Пото́м _____ (позвони́ть) Ната́ша и мы _____ (гуля́ть) в па́рке.

Word Power

3. Find a word

Use the pictures to complete the crossword puzzle. The center column will tell you where Jim spent his weekend.

1. Ива́н игра́л в

2. Оле́г е́здил на

3. Ба́бушка вяза́ла

4. Лари́са писа́ла

5. Бори́с чита́л

6. Та́ня ходи́ла в

7. Артём игра́л в

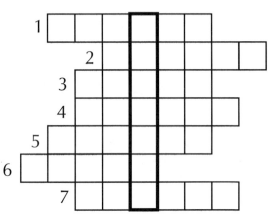

Language Focus

4. The past tense

Replace the present tense by the past tense using the correct forms of the verb быть (был, была́, бы́ло, бы́ли) as in the example.

Example: У меня́ есть соба́ка. — *У меня́ была́ соба́ка.*

1. У него́ есть велосипе́д.

2. У нас есть друзья́.

3. У неё есть писмо́.

4. У Вас есть да́ча?

5. У них есть де́ти.

6. У тебя́ есть биле́т?

5. Где? Куда́?

Read the short dialogues and fill in the blanks, choosing the past form of the verbs быть or ходи́ть, as in the examples.

Examples: А. Где Вы *бы́ли* вчера́?   В. Куда́ Вы *ходи́ли* вчера́?
Я *был* до́ма.   Я *ходи́л* в библиоте́ку.

1. Где студе́нты _____ в суббо́ту?
   Они́ _____ на дискоте́ке.

2. Где Джим _____ в воскресе́нье?
   Он _____ в бассе́йн.

3. Куда́ Андре́й _____ вчера́ ве́чером?
   Он _____ в кино́.

4. Куда́ Та́ня _____ в воскресе́нье?
   Она́ _____ в музе́й.

6. Кого́ ты ви́дел?

Answer these questions using the nouns given in parentheses. Remember to use the accusative case for animate nouns.

Example: Кого́ ты ви́дел на дискоте́ке? (Ни́на).   *Я ви́дел Ни́ну.*

1. Кого́ ты встре́тил вчера́? (друг)

2. Кого́ он зна́ет хорошо́? (брат)

3. Кого́ учи́тель спра́шивает? (студе́нт)

4. Кого́ Вы ждёте? (подру́га)

5. Кого́ она́ давно́ не ви́дела? (сестра́)

Reading Corner

7. Третьяко́вская Галере́я

On Sunday Tanya went to the Tretyakov, Moscow's famous art gallery. Complete this excerpt from her diary using the past tense of the verbs given.

Воскресе́нье 7-ое ма́я

Третьяко́вская галере́я – гла́вная худо́жественная галере́я Росси́и. Она́ нахо́дится в це́нтре Москвы́. Па́вел Миха́йлович Третьяко́в _____ (основа́ть) галере́ю. Он _____ (нача́ть) собира́ть карти́ны ру́сских худо́жников. Его́ брат Серге́й Миха́йлович _____ (помога́ть) ему́. В 1873 году́ они́ _____ (откры́ть) галере́ю для посети́телей. Вско́ре Третьяко́в _____ (подари́ть) галере́ю го́роду Москве́. Тепе́рь Третьяко́вская галере́я госуда́рственный музе́й.

Write Here

8. My weekend

Complete the sentences describing what you did last weekend. One has been completed for you as an example.

1. В суббо́ту у́тром *Я рабо́тал в саду́.* _____

2. В суббо́ту днём _____ .

3. В суббо́ту ве́чером _____ .

4. В воскресе́нье у́тром _____ .

5. В воскресе́нье днём _____ .

6. В воскресе́нье ве́чером _____ .

UNIT 9: What are your plans for tomorrow?

Unit 9 is about plans and expectations and things that will happen in the future.

Match Game

1. Ваши планы?

Match each question on the left with the most appropriate answer on the right.

1. Завтра у нас будет экскурсия? ( )
2. Что Вы будете делать в воскресенье? ( )
3. Когда будут каникулы? ( )
4. В субботу в клубе будет дискотека? ( )
5. Ты будешь работать в субботу? ( )

6. Кто будет гулять с собакой? ( )

a. К сожалению, буду.
b. Каникулы будут скоро.
c. Я буду. Я люблю собак.
d. Я буду работать в саду.
e. Да, экскурсия будет в 10 часов.
f. Нет, дискотека будет в пятницу.

Talking Point

2. Скоро каникулы!

Tanya and Andrei are discussing their summer vacation. Read the conversation and fill in the blanks with the future form of the verbs given in parentheses.

Таня: Скоро летние каникулы. Куда мы _____ (поехать)?

Андрей: Давай _____ (посмотреть) объявления в газете. Я думаю, что надо поехать где тепло.

Таня: Может быть, на юг или на Кавказ? Там мы _____ (загорать) и _____ (купаться) в море. Я очень люблю плавать!

Андрей: (looking in the newspaper) Вот посмотри! Это интересное объявление. (reading an advertisement) «Дом отдыха «Чайка» предлагает отдых у моря, две недели. Прекрасная гостиница, хорошая кухня, различные экскурсии. Стоимость …!» Ну нет, это слишком дорого для нас!

Таня:	Да, это очень дорого. Я думаю, что лучше остановиться в кемпинге. Это дёшево и удобно.
Андрей:	Хорошая идея! Мы _____ (жить) в палатке. Утром мы _____ (вставать) и _____ (бегать) к морю. Фантастика! А где мы _____ (обедать)?
Таня:	Я _____ (готовить), а ты _____ (помогать) мыть посуду. Договорились?
Андрей:	Договорились! А что мы _____ (делать) вечером?
Таня:	Вечером мы _____ (гулять) по набережной или _____ (танцевать) на дискотеке. Очень _____ (быть) весело!

Word Power

3. Транспорт

Find five means of transportation in this puzzle. The letter "O" in the middle will help you.

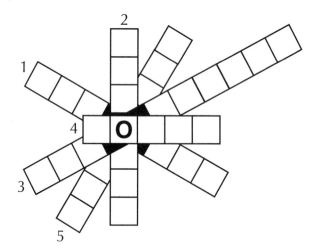

Language Focus

4. The future tense (compound form)

бу́ду бу́дешь бу́дет бу́дем бу́дете бу́дут

Fill in the blanks using a correct verb from the box and then answer the questions.

1. Завтра _____ экскурсия в Эрмитаж? _____

2. Вы _____ чай или кофе? _____

3. Преподаватель _____ рассказывать о России? _____

4. Иван, ты _____ суп? _____

5. Когда мы _____ смотреть футбол по телевизору? _____

6. Когда студенты _____ сдавать экзамены? _____

5. Verbs of motion (future tense)

Complete the tables with the present and future forms of the verbs идти/пойти and éхать/поéхать.

Present	Future
я иду́	я пойду́
он _____	он пойдёт
Вы идёте	Вы _____
я _____	я поéду
они́ éдут	они́ _____
она́ _____	она́ поéдет
мы éдем	мы _____

6. The instrumental singular

Complete the sentences using the nouns given in parentheses in the instrumental case.

1. Олéг поéдет на юг с _____(жена).

2. Я люблю́ гуля́ть в па́рке с _____(соба́ка).

3. Та́ня пойдёт в кино́ с _____(друг).

4. Мы поéдем на экску́рсию с _____(учи́тель).

5. Джим лю́бит чай с _____(молоко́).

6. Он ест суп с _____(хлеб).

Reading Corner

7. Ско́ро лéто!

Read the text to find out what the Sokolovs will be doing on their summer vacation and then respond to the statements that follow.

Ско́ро лéто! Лéтом все éдут отдыха́ть. Соколо́вы то́же бу́дут отдыха́ть. Олéг и Лари́са поéдут на юг. Там Чёрное мо́ре и пляж. Олéг о́чень лю́бит пла́вать и загора́ть, поэ́тому он бу́дет ходи́ть на мо́ре ка́ждый день. Лари́са не бу́дет загора́ть, потому́ что э́то врéдно, но она́ бу́дет мно́го купа́ться в мо́ре. Вéчером они́ бу́дут гуля́ть по на́бережной, пото́м в кафé они́ бу́дут танцева́ть весь вéчер.

А что бу́дут дéлать ба́бушка и дéдушка? Лéтом они́ бу́дут жить на да́че в дерéвне. Там большо́й лес и краси́вое о́зеро. Они́ ча́сто бу́дут ходи́ть в лес собира́ть грибы́ и я́годы. Ива́н то́же поéдет на да́чу. Он бу́дет лови́ть ры́бу в о́зере и ката́ться на велосипéде.

Э́то так и́ли не так?

1. Оле́г и Лари́са пое́дут на юг. ---

2. Оле́г не лю́бит пла́вать. ---

3. Лари́са бу́дет мно́го загора́ть. ---

4. Ве́чером они́ бу́дут гуля́ть по на́бережной. ---

5. Ба́бушка и де́душка то́же пое́дут на юг. ---

6. Ива́н бу́дет ката́ться на велосипе́де. ---

Write Here

8. What are your plans for the summer?

Look at the table and write sentences to say how each person will spend the summer vacation.

Кто	Куда́ пое́дет	С кем	Что бу́дут де́лать
Ни́на	юг	сестра́	купа́ться и загора́ть
Анто́н	спортлагерь	друг	игра́ть в те́ннис
Та́ня	Кавка́з	Андре́й	ходи́ть в го́ры
Ли́да	дере́вня	сын	собира́ть я́годы
Бори́с	да́ча	жена́	рабо́тать в саду́
Я	?	?	?

Example: *Ни́на пое́дет на юг с сестро́й. Там они́ бу́дут* ---------------

купа́ться и загора́ть. --

1. ---

2. ---

3. ---

4. ---

5. ---

UNIT 10: Are you ready to order?

Unit 10 is about eating out, ordering, and shopping, and also about weights and measures.

Match Game

1. Какóй магазйн?

Match the two halves of these signs to find out the names of the stores.

1. РЫ	ЧНАЯ
2. МОЛ	РУКТЫ
3. БУЛО	ТЕРСКАЯ
4. ОВОЩИ И Ф	ОКО
5. КОНДИ	БА
6. ЦВЕ	ТЫ

Talking Point

2. Что бýдете закáзывать?

Jim and Natasha are eating out tonight. They are looking for somewhere to have their meal. Read their conversation and then respond to the statements.

Джим: Я хочý есть. Ты не знáешь, где здесь мóжно пообéдать?

Натáша: Недалекó есть неплохóй ресторáн. Пойдём тудá. (by the restaurant door) Как жаль! Ресторáн закрыт. Тогдá пойдём в кафé. Тут рядом. Там хорошó готóвят и не так дóрого.

Джим: (in the café) Как мнóго нарóду! (looking for a seat) Извинйте, здесь зáнято?

Официáнт: Нет, свобóдно. Садйтесь, пожáлуйста.

Джим: Спасйбо. Мóжно меню?

Официáнт: Вот меню, пожáлуйста. Что бýдете закáзывать?

Джим: Какйе закýски у вас сегóдня?

Официáнт: Салáт овощнóй, салáт мяснóй, икрá, осетрйна...

Натáша: Я, пожáлуй, возьмý овощнóй салáт.

Джим: А я осетрйну.

Официáнт: Хотйте суп? У нас есть щи, борщ, ухá, овощнóй суп...

Джим: Я бýду борщ. Я люблю украйнский борщ.

Натáша: Нет, я пéрвое не хочý. Что у вас есть на вторóе? Говорят, здесь хорошó готóвят рыбные блюдá. Мне судáк, пожáлуйста. А ты что бýдешь?

Джим:	У вас есть шашлы́к? Тогда́ мне шашлы́к, пожа́луйста. Я о́чень люблю́ шашлы́к.
Официа́нт:	Хорошо́. Десе́рт бу́дете зака́зывать?
Ната́ша:	Мне моро́женое и пото́м ко́фе.
Джим:	А мне шокола́дное пиро́женое и то́же ко́фе, пожа́луйста.
Официа́нт:	Хорошо́. Что бу́дете пить?
Джим:	У вас есть минера́льная вода́? Две буты́лки, пожа́луйста.
Официа́нт:	Э́то всё? Вот счёт. С вас 17 300 рубле́й.
Джим:	Спаси́бо. Вот 20 ты́сяч.
Официа́нт:	Пожа́луйста. Вот сда́ча. Прия́тного аппети́та!

Э́то так и́ли не так?

1. Джим хо́чет есть. --

2. Рестора́н откры́т. --

3. В кафе́ пло́хо гото́вят и о́чень до́рого. --

4. Ната́ша хо́чет борщ. --

5. Джим лю́бит шашлы́к. --

6. Они́ бу́дут пить вино́. --

Word Power

3. Да́йте, пожа́луйста...

The rain has ruined Tanya's grocery list. Can you work out what she needs to buy?

бу☐☐нка хле́ба ба́нка вар☐☐ья
1 литр мо☐☐ка́ пли☐тка шокола́да
250 гр. масл☐   б☐☐ы́лка вина́
1 бу☐☐лка лимона́да   2 кг. карто☐☐ки
1 па́ч☐☐ чая   1 кг. ко☐☐у́стн
200 гр. сы́ра   полкило́ морк☐☐и

200гр **коро́бка** **па́чка** **буха́нка** **литр** **буты́лка** **ба́нка**

4. У вас есть...?

Match items below with quantities on the left, putting the items into the genitive case.

Example: 200 гр. сы́ра

----------------------   ----------------------

----------------------   ----------------------

----------------------   ----------------------

сыр	**конфе́ты**	**хлеб**	**чай**	**мёд**
минера́льная вода́		**вино́**		

Language Focus

5. Оди́н/одна́? Два/две?

Write out in words the numbers in parentheses, using the correct form of the number.

1. Да́йте мне _____(1) лимо́н и _____(2) па́чки ма́сла.

2. Ско́лько сто́ят _____(1) ба́нка ко́фе и _____(1) буты́лка лимона́да?

3. Да́йте, пожа́луйста, _____(2) буты́лки молока́ и _____(2) кефи́ра.

4. Вот Вам _____(1) ба́нка варе́нья, _____(1) па́чка пече́нья и _____(1) кусо́к сы́ра.

5. Мне на́до купи́ть _____(1) килогра́мм мя́са и _____(2) килогра́мма ры́бы.

6. Ни́не на́до купи́ть _____(1) торт, _____(2) пли́тки шокола́да и _____(2) буты́лки вина́.

6. Genitive singular with nouns of quantity

Fill in the blanks with the correct ending of the nouns.

1. литр молок _____.

2. пли́тка шокола́д _____.

3. буты́лка вод _____.

4. па́чка ма́сл _____.

5. ба́нка варе́нь _____.

6. ба́нка ры́б _____.

7. килогра́мм мяс _____.

8. полкило́ сы́р _____.

9. буха́нка хлеб _____.

10. па́чка пече́нь _____.

Reading Corner

7. Фи́рма предлага́ет...

Read this advertisement placed by the company ИНТРАНС to find out what kind of goods they supply and then answer the questions.

1. Что тако́е ИНТРАНС?

_____

2. Каки́е поста́вки осуществля́ет фи́рма?

_____

3. Кака́я респу́блика произво́дит консе́рвы?

_____

4. Каки́е консе́рвы предлага́ет фи́рма?

_____

Акционе́рное о́бщество "ИНТРАНС" осуществля́ет поста́вки: лу́чших сорто́в апельси́ны «WASHINGTON navels», лимо́ны «GREEK lemons». предлага́ем консе́рвы произво́дства респу́блики Молдо́ва: пови́дло, джéмы, тома́ты, заку́ски, сала́ты, зелёный горо́шек, де́тское пита́ние. Ги́бкие усло́вия платежа́ и поста́вки. Отгру́зка желéзнодоро́жным и́ли автотра́нспортом. Телефо́н: (095) 924-09-29ю Факс: (095) 921-30-58.

5. Какие условия платежа и поставки?

----

6. Какой транспорт фирма использует для отгрузки?

Write Here

8. Завтрак, обед, ужин

Here's the kind of food the Sokolovs usually have for breakfast, lunch, and dinner. Make up sentences as in the example.

	Завтрак	Обед	Ужин
Олег	2 яйца, кофе, хлеб с маслом	салат, щи, мясо, овощи	рыба с картошкой, чай
Лариса	каша, чай	салат овощной, омлет, сок	пирог с грибами, чай
Таня	бутерброд с сыром, кофе	пицца, яблоко, сок	пирог с грибами, кофе
Иван	яичница, кофе, бутерброд с колбасой	гамбургер, чипсы, кофе	рыба с картошкой, чай, печенье

Example: *Олег на завтрак ест два яйца, хлеб с маслом и пьёт кофе. На обед он ест салат, щи, мясо и овощи. На ужин он ест рыбу с картошкой и пьёт чай.*

Лариса

Таня

Иван

UNIT 11: Which is your favorite team?

Unit 11 is about sporting activities, the things you are good at, and the things you can't do.

Match Game

1. Verbs

Match each verb to the most appropriate phrase.

1. боле́ть	( )	a. на лы́жах
2. де́лать	( )	b. спо́ртом
3. занима́ться	( )	c. футболи́стом
4. игра́ть	( )	d. в соревнова́ниях
5. ката́ться	( )	e. за «Дина́мо»
6. уча́ствовать	( )	f. в те́ннис
7. пла́вать	( )	g. в похо́д
8. стать	( )	h. в бассе́йне
9. ходи́ть	( )	i. заря́дку

Talking Point

2. На́ша семья́ лю́бит спорт.

Oleg and Jim are talking about sports. Read their conversation and then answer the questions.

Джим: Оле́г, э́то пра́вда, что ты ма́стер спо́рта по пла́ванию?

Оле́г: Пра́вда. Я на́чал занима́ться пла́ванием давно́, когда́ я был ещё студе́нтом.

Джим: Как интере́сно! А у вас в семье́ все лю́бят спорт?

Оле́г: Да, в на́шей семье́ все занима́ются спо́ртом. Моя́ жена́ лю́бит ката́ться на лы́жах. Дочь Та́ня увлека́ется гимна́стикой, а сын Ива́н мечта́ет стать футболи́стом.

Джим: Да... Я ви́жу у вас спорти́вная семья́. Кста́ти, ты бу́дешь смотре́ть футбо́л по телеви́зору сего́дня ве́чером?

Оле́г: Во ско́лько начина́ется переда́ча?

Джим: В во́семь часо́в. Игра́ют «Зени́т» и «Спарта́к». За кого́ ты боле́ешь? Я боле́ю за «Зени́т».

Олéг:	Вот здóрово! Мы с Ивáном тóже болéем за «Зенúт»! К сожалéнию, сегóдня вéчером я не могý. Я идý в бассéйн. Я хожý тудá кáждое воскресéнье. Я дóлжен готóвиться к соревновáниям по плáванию.
Джим:	Не беспокóйся! Я запишý матч на видеомагнитофóн и потóм мы посмóтрим вмéсте.
Олéг:	Спасúбо большóе. Ивáн тóже бýдет рад посмотрéть матч ещё раз.

1. Кто мáстер спóрта по плáванию? _____
2. Когдá Олéг нáчал занимáться плáванием? _____
3. Чем увлекáется Тáня? _____
4. Кем хóчет стать Ивáн? _____
5. Почемý Олéг не бýдет смотрéть футбóл? _____
6. Кто запúшет матч на видеомагнитофóн? _____

Word Power

3. Какóй вид спóрта?

Can you find 10 different sports hidden in this word square? One has been done for you.

х	р	т	п	л	а	в	а	н	и	е	ш
о	е	б	ю	к	о	н	ь	к	и	м	а
к	н	о	д	у	г	л	ы	ж	и	к	х
к	ю	к	в	о	л	е	й	б	о	л	м
е	з	с	в	ф	у	т	б	о	л	р	а
й	б	о	р	ь	б	а	ц	а	ы	в	т
г	и	м	н	а	с	т	и	к	а	р	ы

Language Focus

4. The instrumental singular

Fill in the blanks with the correct ending of the verbs.

1. Олéг всегдá был хорóшим спортсмéн_____ .
2. Вы занимáетесь спóрт_____ ?
3. Ларúса рабóтает медсестр_____ .
4. Ивáн мечтáет стать футболúст_____ .
5. Недáвно Óльга стáла чемпиóнк_____ .
6. Тáня увлекáется гимнáстик_____ .

5. Can you …?

Fill in the blanks with the correct form of the verb мочь (могу, можешь, … мо́гут).

1. Оле́г за́нят. Он не _____ смотре́ть футбо́л по телеви́зору.

2. Вы _____ ката́ться на конька́х?

3. Лари́са уста́ла. Она́ не _____ бо́льше пла́вать.

4. Я опа́здываю. Я не _____ де́лать заря́дку.

5. Ты _____ организова́ть соревнова́ния по те́ннису?

6. Мы не _____ бо́льше ждать, матч уже́ начина́ется.

6. Reflexive verbs

Complete the short dialogues using the correct forms of the verbs in parentheses.

1. (учи́ться)   Где Вы _____?

                   Я _____ на ку́рсах ру́сского языка́.

2. (занима́ться)   О́льга давно́ _____ спо́ртом?

                   Она́ _____ спо́ртом с де́тсва.

3. (улыба́ться)   Почему́ ты _____?

                   Я _____, потому́ что я стал чемпио́ном.

4. (начина́ться, конча́ться)   Когда́ _____ переда́ча «Спорт сего́дня»?

                   В 11 часо́в ве́чера.

                   А когда́ _____?

                   Ка́жется, в по́лночь.

Reading Corner

7. Кто же победи́т?

Boris Mikhailov, the chief coach of the Russian ice hockey team, is giving an interview to the newspaper Изве́стия. Read what he says and then answer the questions.

Журнали́ст: Над чем рабо́тает сейча́с национа́льная сбо́рная Росси́и?

Бори́с: Сейча́с сбо́рная гото́вится к турни́ру «Изве́стий».

Журнали́ст: Каки́е у Вас тру́дности в э́тот пери́од?

Бори́с: Соста́в игроко́в меня́ется ча́сто. Э́то гла́вная пробле́ма. Ещё есть и фина́нсовые тру́дности.

Журнали́ст: Тем не ме́нее, Вы уже́ зако́нчили отбо́р кома́нды на предстоя́щий турни́р?

Борис:	В óбщем-то, да, В настоя́щее вре́мя кома́нда усе́рдно трениру́ется. Мы понима́ем, что предстои́т тяжёлая борьба́ за ку́бок.
Журнали́ст:	Кака́я Ва́ша роль как тре́нера?
Борис:	Моя́ зада́ча – помо́чь игрока́м прояви́ть себя́. И ещё, я тре́бую ли́чной отве́тственности ка́ждого игрока́ за результа́ты игры́.
Журнали́ст:	А каки́е пла́ны хокке́йной кома́нды Росси́и на бу́дущее?
Борис:	Бу́дем гото́виться к чемпиона́ту ми́ра. Э́то больша́я и отве́тственная зада́ча. Но бу́дем рабо́тать!
Журнали́ст:	Ну что ж, жела́ю успе́ха!

1. Како́й турни́р ско́ро? _____

2. Каки́е тру́дности у кома́нды? _____

3. Как кома́нда гото́вится к турни́ру? _____

4. Кака́я роль тре́нера? _____

5. Каки́е пла́ны кома́нды на бу́дущее? _____

Write Here

8. Они́ занима́ются спо́ртом.

Look at the pictures and write sentences using the verbs from the box.

> занима́ться
> интересова́ться
> ката́ться   увлека́ться
> учи́ться

Example: *Оле́г занима́ется пла́ванием.*

1. Лари́са _____

2. Ива́н _____

3. Андре́й _____

4. Ни́на _____

5. Артём _____

UNIT 12: Review

Unit 12 gives you a chance to review the work you have done in Units 1 to 11.

1. Вопро́сы и Отве́ты

Match the questions on the left with the answers on the right.

1. Где гости́ница «Ко́смос»?	( )	a. Мы встре́тили Ни́ну и Бори́са.
2. Вы говори́те по-ру́сски?	( )	b. В магази́не «Ру́сский сувени́р».
3. Отку́да Вы?	( )	c. Сто пятьдеся́т ты́сяч рубле́й.
4. У Вас сестра́?	( )	d. Они́ иду́т в библиоте́ку.
5. Где мо́жно купи́ть матрёшку?	( )	e. Да, но совсе́м немно́го.
6. Куда́ иду́т студе́нты?	( )	f. К сожале́нию, я бу́ду рабо́тать.
7. Ско́лько сто́ит фотоаппара́т?	( )	g. В пя́тницу, в семь часо́в ве́чера.
8. Что ты бу́дешь де́лать в суббо́ту?	( )	h. Я была́ до́ма.
9. Кого́ вы встре́тили в теа́тре?	( )	i. Иди́те пря́мо, пото́м напра́во.
10. Где ты была́ вчера́?	( )	j. Нет, но у меня́ есть брат.
11. Когда́ бу́дет дискоте́ка?	( )	k. Я из А́нглии.

2. A, B, or C?

Choose which of the answers is correct.

1. Где Вы живёте?

   a. в Москве́

   b. неплохо

   c. в Москву́

2. Вы говори́те по-ру́сски?

   a. спаси́бо

   b. немно́го

   c. недалеко́

3. Что де́лают де́ти?

   a. игра́ют

   b. чита́л

   c. бу́ду рабо́тать

4. Вы лю́бите му́зыку Чайко́вского?

   a. пожа́луйста

   b. не беспоко́йтесь

   c. о́чень

5. Куда́ пойду́т студе́нты ве́чером?

   a. на дискоте́ку

   b. в па́рке

   c. нельзя́

6. Когда́ начина́ется переда́ча?

   a. вчера́ ве́чером

   b. в 8 часо́в ве́чера

   c. Здесь ря́дом

3. Adjectives

Answer the questions using the correct form of the adjective in parentheses.

1. Какой это сувени́р? (ру́сский) _____

2. Кака́я это газе́та? (интере́сный) _____

3. Како́е это пальто́? (но́вый) _____

4. Каки́е это студе́нты? (англи́йский) _____

5. Како́й ма́льчик идёт в шко́лу? (ма́ленький) _____

6. Кака́я у Вас кварти́ра? (большо́й) _____

7. Каки́е де́ти игра́ют в па́рке. (ма́ленький) _____

4. Opposites

What are the opposites of these words or phrases?

1. здесь   _____
2. У меня́ есть   _____
3. большо́й   _____
4. далеко́   _____
5. бы́стро   _____
6. рабо́тать   _____
7. хорошо́   _____

8. мно́го   _____
9. откры́то   _____
10. бе́лый   _____
11. мо́жно   _____
12. у́тром   _____
13. вчера́   _____
14. здра́вствуйте   _____

5. Numerals

Write the prices of the food and the items in words, using the verb сто́йть.

1. white bread – 600 roubles _____

2. a bottle of pepsi – 1500 roubles _____

3. a chocolate bar – 3000 roubles _____

4. shoes – 70 000 roubles _____

5. sweater – 125 000 roubles _____

6. computer – 1 000 000 roubles _____

6. Questions

Write the questions to these answers.

1. _____ Она́ рабо́тает в шко́ле.

2. _____ Да, у меня́ есть сестра́.

3. _____ Здесь нельзя́ кури́ть.

4. _____ Сейча́с 2 часа́.

5. _____ Нет, я не хочу́ во́дку.

6. _____ Пла́тье сто́ит 150 ты́сяч.

7. _____ Вчера́ я был до́ма.

8. _____ Мы ходи́ли в кино́ в воскресе́нье.

7. Где? or куда́?

Answer the questions using the words in parentheses in the correct case.

Example: (шко́ла) Где ты был вчера́? *В шко́ле.* _____

Куда́ ты ходи́л вчера́? *В шко́лу.* _____

1. (апте́ка) Где рабо́тает Ни́на? _____

Куда́ она́ идёт у́тром? _____

2. (кинотеа́тр) Где идёт фи́льм «А́нна Каре́нина»? _____

Куда́ иду́т де́ти в воскресе́нье? _____

3. (Москва́) Где живёт Та́ня? _____

Куда́ е́дет Бори́с? _____

4. (магази́н) Где ма́ма покупа́ет проду́кты? _____

Куда́ она́ идёт по́сле рабо́ты? _____

8. Past tense

Put the verbs given in parentheses in the past tense.

1. Оле́г _____(рабо́тать) вчера́.

2. В воскресе́нье мы _____(отды́хать) до́ма.

3. В суббо́ту ве́чером студе́нты _____(ходи́ть) на дискоте́ку.

4. Ни́на _____(быть) до́ма вчера́ ве́чером.

5. Они́ _____(изуча́ть) ру́сский язы́к два го́да.

6. Где Вы _____(купи́ть) э́тот краси́вый самова́р?

7. Ты _____(встре́тить) ма́му на вокза́ле?

8. К сожале́нию, я не _____(смотре́ть) футбо́л, потому́ что я _____(быть) за́нят.

9. Verbs of motion

Fill in the blanks choosing the correct verb from the box.

éхать	иду́	éдет	пойдём	хóдит	éздил	поéдут	ходи́л
	идёте	пойду́т	éздили				

1. Куда́ Вы _____ сейча́с? Я _____ домóй.

2. Ваш сын _____ в шкóлу? Нет, он ещё ма́ленький.

3. Куда́ ты _____ вчера, Олéг? Вчера́ я _____ в бассéйн.

4. Твои́ друзья́ _____ на дискотéку за́втра? Нет, мы _____ в пя́тницу все вмéсте.

5. Гости́ница далекó. Вам на́до _____ на метрó.

6. Вчера Вы _____ в Лóндон? Нет, не _____, я был за́нят.

7. Кто э́то _____ на маши́не? Э́то мой па́па.

8. Скóро англи́йские студéнты _____ в Росси́ю.

10. Test yourself

Translate these sentences and expressions which you came across in Units 1–11.

1. My name is Jim. Nice to meet you. _____

2. Where are you from? I'm from America. _____

3. How much does this book cost? _____

4. No, thank you. I don't like vodka. _____

5. When will you go to Russia? _____

6. Yesterday we went to the theater. _____

7. Where were you yesterday? I was at home. _____

8. What's the time? It's 5 o'clock. _____

9. Do you know where Hotel Cosmos is? _____

10. Give me a bottle of milk, please. _____

11. Ivan supports Zenit. _____

12. What a beautiful dress! What size is it? _____

UNIT 13: How's the weather?

Unit 13 is about the seasons and the weather. It also gives you a chance to revise the present, past, and future tenses.

Match Game

1. Какáя погóда сегóдня?

Match the sentences with the pictures.

1. Идёт дождь.

2. Свéтит сóлнце.

3. Óчень хóлодно. Морóз.

4. Идёт снег.

5. Пáсмурно. На нéбе облакá.

Talking Point

2. Давáйте поéдем на дáчу!

The Sokolov family want to spend their weekend at their country cottage. But it all depends on the weather … Read their conversation and then answer the questions.

Тáня: Давáйте поéдем на дáчу в выходны́е!

Мáма: Это зави́сит от погóды. Посмотри́, какáя плохáя погóда сегóдня: идёт дождь, дýет вéтер. Óчень неприя́тно! А какóй прогнóз на выходны́е?

Пáпа: Говоря́т, в суббóту бýдет теплó, дáже жáрко +25 грáдусов. А в воскресéнье бýдет грозá.

Тáня: Но грозá обы́чно бы́стро прохóдит и опя́ть свéтит сóлнце. Ну, давáйте поéдем! А?

Ивáн: Я – с удовóльствием! Лéтом на дáче здóрово! Недалекó лес и óзеро совсéм ря́дом.

Пáпа: Ну вот, мы и реши́ли: éдем на дáчу! Нáдо порабóтать в садý, а потóм пойдём в лес собирáть грибы́. Обы́чно пóсле дождя́ мнóго грибóв в лесý.

Ивáн: Отли́чная идéя! Я óчень люблю́ собирáть грибы́. Éсли погóда бýдет хорóшая, я пойдý на óзеро и бýду лови́ть ры́бу.

Та́ня:	Е́сли бу́дет ры́ба, то бу́дет и уха́! Я пригото́влю вку́сный обе́д!
Ива́н:	Пото́м мы пойдём на о́зеро и бу́дем купа́ться и загора́ть.
Та́ня:	И, коне́чно, ката́ться на ло́дке!
Ма́ма:	Ну, что ж. Я бу́ду собира́ть ве́щи на да́чу, а ты, Оле́г, позвони́ Джи́му. Мо́жет быть, он то́же пое́дет с на́ми.
Па́па:	Обяза́тельно позвоню́ и приглашу́ Джи́ма на да́чу. Я ду́маю, что ему́ бу́дет интере́сно.

1. Куда́ Соколо́вы пое́дут в выходны́е дни?

----

2. Кака́я сего́дня пого́да?

----

3. Како́й прогно́з пого́ды на выходны́е дни?

----

4. Что они́ бу́дут де́лать на да́че?

----

5. Е́сли пого́да бу́дет хоро́шая, что бу́дет де́лать Ива́н?

----

6. Что бу́дут де́лать Та́ня и Ива́н на о́зере?

----

7. Кого́ они́ хотя́т пригласи́ть на да́чу?

Word Power

3. Како́е э́то о́зеро?

Fill in the blanks in the sentences, choosing words from the box. These are the clues to the crossword puzzle. The center column will tell you where Tanya is going to spend her summer student vacation.

купа́ться	волейбо́л	рюкза́к	пала́тках	ката́ться	собира́ть

1. Та́ня лю́бит _____ грибы́ в лесу́.

2. Е́сли пого́да бу́дет хоро́шая, студе́нты бу́дут _____ и загора́ть.

3. Та́ня хорошо́ игра́ет в _____.

4. В похо́д удо́бно брать не чемода́н, а _____.

5. На о́зере хорошо́ _____ на ло́дке.

6. Студе́нты бу́дут жить в _____.

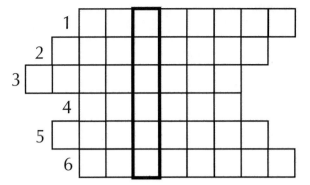

Language Focus

4. The simple future tense

Complete the table with the verbs in the simple future tense. One has been done for you.

Infinitive	Present	Future
чита́ть/прочита́ть	я чита́ю	я прочита́ю
идти́/пойти́	он идёт	он _____
де́лать/сде́лать	они́ де́лают	они́ _____
писа́ть/написа́ть	я пишу́	я _____
смотре́ть/посмотре́ть	мы смо́трим	мы _____
е́хать/пое́хать	ты е́дешь	ты _____
ви́деть/уви́деть	Вы ви́дите	Вы _____
звони́ть/позвони́ть	я звоню́	я _____
гото́вить/пригото́вить	она́ гото́вит	она́ _____

5. Е́сли ...

Finish the sentences using the conditional clause with "if" (е́сли), as in the example.

Example: Я бу́ду купа́ться, е́сли *бу́дет тепло́* (тепло́).

1. Соколо́вы пое́дут на да́чу, е́сли _____ (хоро́шая пого́да).

2. Джим напи́шет письмо́ ма́ме, е́сли _____ (свобо́дное вре́мя).

3. Я куплю́ но́вую маши́ну, е́сли _____ (де́ньги).

4. Та́ня и Андре́й пойду́т в кино́, е́сли _____ (биле́ты).

5. Я никуда́ не пойду́, е́сли _____ (дождь).

6. Мы не пойдём в бассе́йн за́втра, е́сли _____ (хо́лодно).

Reading Corner

6. Откры́тка

Tanya is taking her vacation at Lake Baikal. She has written a postcard to her parents. Read the text and then write the questions to the answers given below.

1. _____

   Байка́л о́чень большо́е и краси́вое о́зеро.

2. _____

   Мы е́хали на по́езде.

3. _____

   Приро́да краси́вая и необы́чная на Байка́ле.

4. _____

   Пого́да стои́т великоле́пная.

5. _____

   Студе́нты живу́т в пала́тках.

6. _____

   Ка́ждый день мы купа́емся, загора́ем и ката́емся на ло́дке.

> Дороги́е ма́ма, па́па и Ива́н!
> Вот мы и прие́хали, наконе́ц. Мы е́хали до Ирку́тска почти́ 6 дней! На́ша турба́за нахо́дится на берегу́ о́зера Байка́л. Приро́да вокру́г о́чень краси́вая и необы́чная. Чи́стый во́здух. Мы живём в пала́тках. Пого́да стои́т великоле́пная! Да́же жа́рко. Ка́ждый день мы купа́емся, загора́ем и ката́емся на ло́дке. Ско́ро у нас бу́дут соревнова́ния по волейбо́лу. Я о́чень ра́да, что прие́хала сюда́.
> Вот и все мои́ но́вости. Переда́йте приве́т ба́бушке и де́душке. Жду отве́та.
> Целу́ю, Та́ня.

Write Here

7. Времена́ го́да

Rearrange these sentences, write them next to the appropriate season, and add some more of your own.

> Хо́лодно. Жа́рко. Ча́сто идёт дождь. Идёт снег. Ду́ет си́льный ве́тер. Прохла́дно и сы́ро. На у́лице моро́з. Наш сад краси́вый весно́й. Не́бо голубо́е. Я́рко све́тит со́лнце. Де́ти ката́ются на лы́жах. Я люблю́ ле́то. На́ша семья́ отдыха́ет на мо́ре. Дере́вья и поля́ жёлтые. Тепло́, нет ве́тра. Ну́жно брать зонт. Мы лю́бим купа́ться и загора́ть.

Зима́: _____

Весна́: _____

Ле́то: _____

О́сень: _____

UNIT 14: What does he look like?

Unit 14 is about describing people and comparing things. You'll also practice talking about the past.

Match Game

1. Какой он?

Match the words to the appropriate picture.

1. то́лстый
2. весёлый
3. высо́кий
4. стро́йная
5. си́льный
6. с бородо́й
7. ста́рый
8. блонди́нка

Talking Point

2. Он о́чень хоро́ший па́рень.

Tanya and her friend Ira are talking about Tanya's new boyfriend. Read their conversation and then respond to the statements below.

Йра: Та́ня, ты хорошо́ отдохну́ла ле́том?

Та́ня: Прекра́сно! Я е́здила на Байка́л. Ме́жду про́чим, у меня́ но́вый друг. Он о́чень хоро́ший па́рень.

Йра: Пра́вда?! Где вы познако́мились?

Та́ня: На турба́зе, на Байкале. Его́ зову́т Анто́н. Он живёт в Ирку́тске и у́чится в политехни́ческом институ́те.

Йра: Ой, как интере́сно! Как он вы́глядит?

Та́ня: Он высо́кий и стро́йный. У него́ све́тлые во́лосы и больши́е се́рые глаза́. В о́бщем, он в моём вку́се.

Йра: А ско́лько ему́ лет?

Таня:	Он ста́рше, чем я. Но э́то нева́жно.
Йра:	А како́й у него́ хара́ктер?
Таня:	Он весёлый и до́брый. Ме́жду про́чим, неплохо́й спортсме́н.
Йра:	Неуже́ли?! Каки́м спо́ртом он занима́ется?
Таня:	Он хорошо́ пла́вает, игра́ет в те́ннис и в волейбо́л. Жаль, что мне ну́жно бы́ло возвраща́ться в Москву́.
Йра:	Ты бу́дешь писа́ть ему́ пи́сьма?
Таня:	Коне́чно, бу́ду. Но вчера́ Анто́н звони́л и сказа́л, что он ско́ро прие́дет в Москву́ на соревнова́ния.
Йра:	Вот хорошо́! Зна́чит, ты ско́ро уви́дишь его́ опя́ть.
Таня:	Да, я так ра́да!

Э́то так и́ли не так?

1. Та́ня хорошо́ отдохну́ла ле́том. _____

2. Она́ е́здила в Крым. _____

3. Та́ня и Анто́н познако́мились в Москве́. _____

4. У Анто́на тёмные во́лосы и ка́рие глаза́. _____

5. Анто́н у́чится в Университе́те. _____

6. Анто́н ско́ро прие́дет в Москву́. _____

Word Power

3. Parts of the body

Can you name these parts of the body?

1. _____

2. _____

3. _____

4. _____

5. _____

6. _____

7. _____

8. _____

Language Focus

4. Comparatives

Fill in the blanks with the comparative form of the adjectives given in parentheses.

Example: Ваш дом _больше_ (большо́й), чем наш.

1. Мой муж _____ (ста́рший), чем я.

2. Сестра́_____ (мла́дший), чем брат.

3. Его́ друг_____ (высо́кий), чем он.

4. Э́тот сви́тер_____ (дорого́й), чем тот.

5. Самолёт_____ (бы́стрый), чем по́езд.

6. В Росси́и кли́мат_____ (холо́дный), чем в А́нглии.

7. Говоря́т, Санкт-Петербу́рг _____ (краси́вый), чем Москва́.

5. Superlatives

Fill in the blanks with the superlative form of the adjectives given in parentheses. Remember to match the gender of the noun to which they refer.

Example: Москва́ _са́мый большо́й_ (большо́й) го́род в Росси́и.

1. Кра́сная Пло́щадь_____ (гла́вный) пло́щадь столи́цы.

2. ГУМ_____ (большо́й) магази́н в Москве́.

3. Оста́нкинская ба́шня _____ (высо́кий) ба́шня в Москве́.

4. Эрмита́ж _____ (изве́стный) музе́й Росси́и.

5. А. С. Пу́шкин – мой _____ (люби́мый) поэ́т.

6. Мое́й ба́бушке 75 лет. Она́_____ (ста́рший) в семье́.

6. Reflexive verbs

Complete the table with the reflexive verbs in the present and past tenses.

PRESENT	PAST
Он у́чится	
Она́ _____	Он учи́лся
Вы занима́етесь	Она́ купа́лась
Они́ _____	Вы _____
Мы встреча́емся	Они́ ката́лись
Я _____	Мы _____
Ты увлека́ешься	Я улыба́лся
	Ты _____

Reading Corner

7. Как он вы́глядит?

Oleg Sokolov is going to the airport to meet the representative of a foreign company. He was given this note with the description of the man. Read it and fill in the blanks with the appropriate words from the box.

во́лосы	газе́та	глаза́
костю́м	мужчи́на	
очки́	портфе́ль	
самолёт	такси́	

Уважа́емый Оле́г Никола́евич!
За́втра Вы должны́ пое́хать в
аэропо́рт и встре́тить
представи́теля компа́нии «Инланд
тур» господи́на Сабати́ни.
В 10.30 утра́ прилета́ет
Господи́н Сабати́ни — высо́кий
_____ .
_____
У него́ тёмные
_____ и ка́рие
_____ . Он пло́хо ви́дит и
поэ́тому но́сит _____
Он оде́т в се́рый
_____ . В
рука́х у него́ бу́дет чёрный
и _____
_____
Пожа́луйста, не опа́здывайте.
Возьми́те _____
С уваже́нием, дире́ктор фи́рмы
«Де́льта».

Write Here

✏️

8. Кто ста́рше?

Look at the chart and answer the questions giving complete answers as in the example.

	Та́ня	И́ра	Анто́н
Во́зраст	19	21	24
Рост	164см	158см	182см
Вес	52кг	66кг	78кг
Во́лосы	тёмные длинные	тёмные коро́ткие	све́тлые коро́ткие
Глаза́	зелёные	ка́рие	се́рые

Example: *Кто ста́рше Та́ня и́ли Анто́н?*
Та́ня ста́рше, чем Анто́н.

1. Кто вы́ше И́ра и́ли Та́ня? _____
2. Кто са́мый высо́кий? _____
3. Кто са́мый то́лстый? _____
4. Кто мла́дше Та́ня и́ли Анто́н? _____
5. У кого́ се́рые глаза́? _____
6. У кого́ тёмные коро́ткие во́лосы? _____
7. У кого́ дли́нные во́лосы и зелёные глаза́? _____

UNIT 15: How are things going?

Unit 15 is about using the telephone, business communications, and expressing obligations. You'll also practice another way of talking about the past.

Match Game

1. По телефону

Can you speak on the phone in Russian? Match the telephone phrases on the left with the appropriate response on the right.

1. Иру мо́жно к телефо́ну?	( )	a. Ничего́, пожа́луйста.
2. Это фи́рма «Де́льта»?	( )	b. Да, удо́бно.
3. В 7 часо́в удо́бно?	( )	c. Сего́дня 10 января́.
4. Я всё сде́лал!	( )	d. Это говори́т Оле́г.
5. Извини́те, я не туда́ попа́л.	( )	e. Переда́йте, что Воло́дя звони́л.
6. Кто э́то говори́т?	( )	f. К сожале́нию, Иры нет.
7. Что переда́ть?	( )	g. Нет, не тот но́мер.
8. Како́е сего́дня число́?	( )	h. Молоде́ц!

Talking Point

2. Делово́й разгово́р

Oleg and Volodya are discussing a new contract with a foreign tourist company. Read their conversation and fill in the blanks, choosing the correct past form of the infinitive given in parentheses.

Воло́дя: Алло́?... Это фи́рма «Де́льта»?

Го́лос: Нет. Вы непра́вильно _____ (набира́ть/набра́ть) но́мер.

Воло́дя: Извини́те, я не туда́ _____ (попада́ть/попа́сть).
(He dials again) Алло́? Мо́жно Оле́га к телефо́ну?

Го́лос: Мину́точку …

Оле́г: Здра́вствуй, Воло́дя. Как дела́?

Воло́дя: Спаси́бо, непло́хо. Оле́г, у меня́ ва́жный разгово́р. Почему́ ты не _____ (быть) на совеща́нии вчера́?

Оле́г: Бо́же мой! Я совсе́м _____ (забыва́ть/забы́ть)! Что-нибу́дь ва́жное?

Воло́дя: Да. Мы _____ (обсужда́ть/обсуди́ть) но́вый догово́р с италья́нской туристи́ческой компа́нией.

Оле́г: Я _____ (быть) о́чень за́нят и по́здно (вспомина́ть/вспо́мнить) о совеща́нии. Но я (гото́вить/подгото́вить) на́ши предложе́ния к прое́кту догово́ра.

Воло́дя: О́чень хорошо́. Я ду́маю, что э́то вы́годный догово́р для на́шей фи́рмы.

Оле́г: Я уже́ _____ (звони́ть/позвони́ть) в банк по по́воду финанси́рование э́того прое́кта, и _____ (писа́ть/написа́ть) письмо́ туда́.

Воло́дя: Молоде́ц! За́втра мы должны́ встре́титься и обсуди́ть дета́ли прое́кта. В 9 часо́в удо́бно?

Оле́г: Для меня́ удо́бно. Договори́лись. До за́втра.

Word Power

3. Months

Fill in the months of the calendar in Russian.

Language Focus

4. Aspects of verbs

Look at the pictures and write what these people are doing and what action they have completed. Follow the example.

Imperfective

Perfective

Example:

чита́ть *Он чита́ет кни́гу.*

прочита́ть *Он прочита́л кни́гу.*

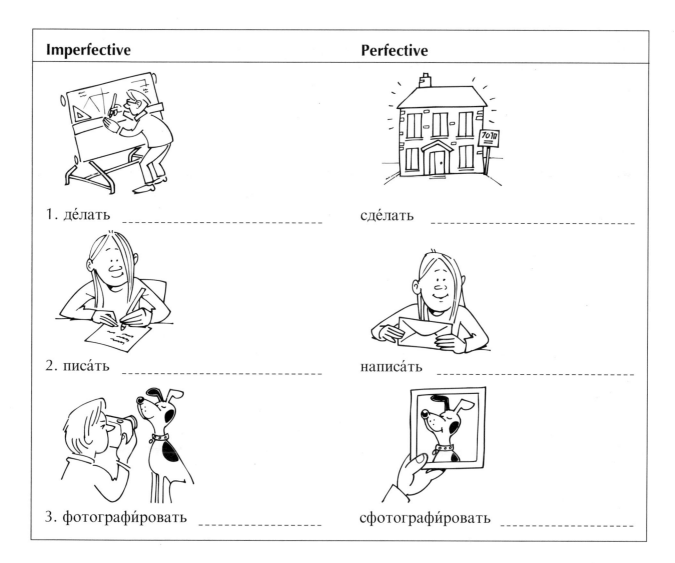

Imperfective	Perfective
1. де́лать _____	сде́лать _____
2. писа́ть _____	написа́ть _____
3. фотографи́ровать _____	сфотографи́ровать _____

5. Imperfective or perfective?

Fill in the blanks with the appropriate form of the verbs.

1. (покупа́ть/купи́ть)   Ка́ждое у́тро я _____ газе́ты в кио́ске.

   А вчера́ я _____ там хоро́шую кни́гу.

2. (де́лать/сде́лать)   Ива́н _____ уро́ки 2 часа́.

   Он _____ уро́ки и пошёл гуля́ть.

3. (писа́ть/написа́ть)   Вчера́ Джим _____ письмо́ ма́ме.

   Он ча́сто _____ пи́сьма домо́й.

4. (брать/взять)   Сего́дня у́тром Та́ня _____ кни́гу в библиоте́ке.

   Она́ всегда́ _____ там кни́ги и журна́лы.

5. (класть/положи́ть)   Оле́г всегда́ _____ докуме́нты в стол.

   Он _____ докуме́нты в портфе́ль и пошёл на рабо́ту.

6. (получа́ть/получи́ть)   Вчера́ Ни́на _____ письмо́ от англи́йской подру́ги.

   Она́ ча́сто _____ пи́сьма из А́нглии.

Reading Corner

6. A business letter

Read Oleg's letter to the managing director of Delta with his suggestions about the new international project and then add two suggestions of your own.

Уважа́емый господи́н дире́ктор.

В сре́ду я встре́тил в аэропорту́ господи́на Сабати́ни. Он представи́тель италья́нской компа́нии «Инланд тур». В пя́тницу на совеща́нии мы обсуди́ли но́вый догово́р. Вот на́ши предложе́ния:

1. Откры́ть но́вое туристи́ческое аге́нство в Москве́.

2. Организова́ть рекла́му аге́нства по ра́дио, телеви́дению и в газе́тах.

3. Обсуди́ть фина́нсовый план аге́нства.

4. Посла́ть на́ших специали́стов в Ита́лию учи́ться турби́знесу.

5. _____

6. _____

Я наде́юсь, что э́ти предложе́ния бу́дут поле́зны и но́вый догово́р бу́дет вы́годным для на́шей фи́рмы.

С уваже́нием,   15 сентября́ 1995 го́да.
О. Н. Соколо́в.

Write Here

7. Business notes

Read the notes from Oleg's business diary and see which tasks he has or hasn't done during the week, as in the example.

Example: *В понеде́льник Оле́г подгото́вил предложе́ния к прое́кту догово́ра.*

_____
_____
_____
_____
_____
_____
_____

Пон. *Надо подгото́вить предложе́ния к прое́кту догово́ра.* ✔

Вт. *Надо позвони́ть в аэропо́рт и узна́ть рейс самолёта.* ✔

Ср. *Надо встре́тить господи́на Сабати́ни в аэропо́рту.* ✔

Чет. *Надо быть на совеща́нии в 9.30 утра́.* ✘

Пят. *Надо написа́ть письмо́ в банк.* ✔

Суб. *Надо отпра́вить факс в Ки́ев.* ✘

UNIT 16: When's the next train?

Unit 16 is about travel: buying tickets, finding out train times, and making inquiries and requests.

Match Game

1. Во ско́лько? Ско́лько?

Match the inquiries on the left with the appropriate response on the right.

1. Ско́лько часо́в лете́ть от Ло́ндона до Москвы́?
2. Во ско́лько отхо́дит по́езд?
3. Ско́лько Вам биле́тов?
4. Во ско́лько прибыва́ет самолёт?
5. Во ско́лько ну́жно прийти́?
6. Вам купе́, плацка́рта и́ли о́бщий ваго́н?
7. Ско́лько сто́ит биле́т до Санкт-Петербу́рга?
8. Ско́лько киломе́тров от Москвы́ до Санкт-Петербу́рга?

( ) a. Биле́т сто́ит 30 ты́сяч рубле́й.

( ) b. Самолёт прибыва́ет по расписа́нию.
( ) c. Приходи́те во́время. Не опа́здывайте.
( ) d. Купе́, пожа́луйста.
( ) e. Три с полови́ной часа́.
( ) f. 600 киломе́тров.

( ) g. 2 биле́та, пожа́луйста.

( ) h. По́езд отхо́дит в 17 часо́в 35 мину́т.

Talking Point

2. Биле́т до Санкт-Петербу́рга

Oleg is going on a business trip to St. Petersburg. He is buying a ticket. Read his conversation at the ticket office and fill in the blanks with the words from the box.

биле́т	командиро́вку	купе́	но́мер	отдохну́ть	уста́л
отправля́ется	прибыва́ет	про́даны	расписа́ние	ско́лько	

Касси́р: Я Вас слу́шаю. Что Вы хоти́те?

Оле́г: Оди́н _ _ _ _ _ _ _ _ _ _ _ _ до Санкт-Петербу́рга, пожа́луйста.

Касси́р:	Како́й _____ по́езда?
Оле́г:	На «Кра́сную Стрелу́» мо́жно?
Касси́р:	К сожале́нию, на «Кра́сную Стрелу́» все биле́ты _____.
Оле́г:	Понима́ете … Я е́ду в _____ и мне ну́жно сро́чно быть в Петербу́рге!
Касси́р:	Я понима́ю. Подожди́те, мину́точку … Есть биле́ты на по́езд №3. Подойдёт?
Оле́г:	Во _____ отправля́ется э́тот по́езд?
Касси́р:	В 11.30 ве́чера и он _____ в Петербу́рг в 7 часо́в утра́. Бу́дете брать?
Оле́г:	Да, э́тот мне подойдёт.
Касси́р:	Вам плацка́рта и́ли _____?
Оле́г:	Купе́, пожа́луйста. Я о́чень _____ и мне ну́жно _____.
Касси́р:	Вот, пожа́луйста. Оди́н биле́т до Санкт-Петербу́рга, по́езд № 3, пя́тый ваго́н, восьмо́е ме́сто. С Вас 40 ты́сяч рубле́й.
Оле́г:	Спаси́бо. А с како́й платфо́рмы _____ по́езд № 3?
Касси́р:	По-мо́ему, с пе́рвой. Но лу́чше посмотри́те _____. Счастли́вого пути́!
Оле́г:	Спаси́бо большо́е. До свида́ния.

Word Power

3. On the move

Fill in the blanks to complete this crossword puzzle. Can you find the word in the central column?

1. Е́сли Вам нужна́ спра́вка, Вы идёте в _____ бюро́.
2. У роди́телей о́тпуск, а у дете́й _____.
3. По́езд № 3 отхо́дит с 5-ой _____.
4. Быстре́е _____ самолётом.
5. Я не люблю́ е́здить на маши́не, я люблю́ ходи́ть_____.
6. _____ № 3 отправля́ется с 5-ой платфо́рмы.
7. Во ско́лько прибыва́ет по́езд? Посмотри́те   .
8. Вы не зна́ете, где _____ "Ко́смос"?
9. В ваго́не _____ проверя́ет биле́ты.
10. Оле́г е́дет в _____ в Санкт-Петербу́рг.
11. Да́йте, пожа́луйста, 2 _____ до Ки́ева.

Language Focus

4. Ordinal numerals

Write out the phrases in full using ordinal numerals.

1. й уро́к _____

2. ая попы́тка _____

3. й по́езд _____

4. ое января́ _____

5. й ваго́н _____

6. ая остано́вка _____

7. ая платфо́рма _____

8. ое ме́сто _____

9. ое ма́я _____

10. ая страни́ца _____

5. The instrumental plural

This is Oleg's appointments diary, listing what he's going to do on his business trip. Write sentences using the instrumental plural, as in the example.

Example: *9.00. – Переговоры. Представители фирмы «Север тур».*
В 9 часов переговоры с представителями фирмы «Север тур».

11.00. – Встре́ча. Директора́ гости́ниц.

_____

12.30. – Обе́д. Колле́ги.

_____

14.00. – 18.00. – Рабо́та. Предложе́ния к прое́кту догово́ра.

_____

19.00. – Разгово́р по телефо́ну. Жена́, де́ти.

_____

20.00. – У́жин в рестора́не «Садко́». Друзья́.

_____

Reading Corner

6. Путешéствуйте пóездом!

Read this advertisement by one of the Russian railway companies and then complete the sentences.

1. Путешéствовать пóездом–это

   ------------------------------.

2. Мы предлагáем поездá для

   ------------------------------.

3. В вагóнах мы гарантúруем

   ------------------------------.

4. Принимáются предварúтельные закáзы

   ------------------------------------.

Пóльзуйтесь услýгами Октябрьской желéзной дорóги! Путешéствуйте пóездом! Это надёжно, быстро и удóбно! Услýги Октябрьской ЖД помóгут Вам посетúть разлúчные интерéсные местá и совершúть поéздку в зарубéжные стрáны. Мы предлагáем поездá:

- для деловóй поéздки,
- для турúзма,
- для транзúта чéрез Россúю.

В вагóнах мы гарантúруем комфóрт, хорóшее обслýживание, традициóнное гостеприúмство. Принимáются предварúтельные закáзы на удóбный для Вас пóезд, в удóбное для Вас врéмя! Счастлúвого путú!

Write Here

7. Inquiries and requests

Read the sentences and then write an inquiry or a request.

Example: Ask what time train no. 3 is leaving.

Скажúте, пожáлуйста, во скóлько отхóдит пóезд №3?

1. Ask for two tickets to Moscow.

   ----

2. Ask what time the plane from London arrives.

   ----

3. Ask for directions to the taxi stand.

   ----

4. Ask from which platform train no. 5 leaves.

   ----

5. Ask where the train schedule (timetable) is.

   ----

6. Ask what time the train arrives in Kiev.

UNIT 17: It's urgent!

Unit 17 is about sending messages by mail, telegram, and fax.

Match Game

1. Necessity

What should you do if you are in the situations given on the left? Choose the most appropriate advice on the right.

1. Отпра́вить телегра́мму.
2. Посла́ть посы́лку.
3. Встре́тить ма́му.
4. Пое́хать в теа́тр.
5. Я опа́здываю!
6. Он го́лоден.
7. Посла́ть письмо́.
8. У меня́ высо́кая температу́ра.

( )
( )
( )
( )
( )
( )
( )
( )

a. Ну́жно взять такси́.
b. Ну́жно вы́звать врача́.
c. Ну́жно купи́ть ма́рки.
d. Ну́жно запо́лнить бланк.
e. Ну́жно пойти́ на по́чту.
f. Ну́жно пое́хать на вокза́л.
g. Ну́жно купи́ть биле́ты.
h. Ну́жно пообе́дать.

Talking Point

2. Мне ну́жно посла́ть телегра́мму.

Jim is at the post office. He wants to send a fax to Boston, but is having problems. Read his conversation with the post clerk and then answer the questions.

Джим: Извини́те, мне ну́жно посла́ть факс в Бо́стон.

Де́вушка: К сожале́нию, туда́ факс посла́ть невозмо́жно. То́лько телегра́мму.

Джим: В тако́м слу́чае, мо́жно в Бо́стон сро́чную телегра́мму посла́ть? Э́то о́чень ва́жно! Телегра́мму должны́ получи́ть сего́дня!

Де́вушка: Не волну́йтесь. Вот, запо́лните э́тот бланк.

Джим: Ско́лько вре́мени идёт сро́чная телегра́мма в Бо́стон?

Де́вушка: Три часа́. С Вас 20 ты́сяч рубле́й. Э́то всё?

Джим: Нет, ещё конве́рты с ма́рками.

Дéвушка:	Кудá? Мéстные или за границу?
Джим:	Дéсять мéстных конвéртов и семь за границу.
Дéвушка:	Это бýдет стóить 18 тысяч. Что ещё?
Джим:	А где мóжно отпрáвить посылку с книгами?
Дéвушка:	Вон там, видите окóшко «Бандерóли и посылки»?
Джим:	Да, вижу. Спасибо большóе.
Дéвушка:	Не забýдьте прáвильно написáть обрáтный áдрес: снача́ла страна́, потóм гóрод, потóм ýлица, дом, кварти́ра и тóлько потóм фами́лия и и́мя.
Джим:	Спасибо, не забýду!

1. Что хóчет послáть Джим?_____

2. Какýю телегрáмму он хóчет послáть?_____

3. Что нýжно сдéлать, чтóбы послáть телегрáмму? _____

4. Какие конвéрты он хóчет купи́ть?_____

5. Где мóжно отпрáвить посылку? _____

6. Как нýжно писáть рýсский áдрес?_____

Word Power

3. It's in the mail.

Use one of the verbs from the box to make a caption for each picture.

идти	нести	опускáть	писáть	получáть	посылáть

1. _____

2. _____

3. _____

4. _____

5. _____

6. _____

Language Focus

4. Не везёт!

No luck today! Whatever you ask for is sold out! Look at the dialogue in the example and write similar ones using the genitive plural of nouns.

Example: *У Вас есть английские газеты?* _____

Нет, сегодня нет английских газет. _____

1. Междунаро́дные конве́рты

----

2. Кни́ги об Эрмита́же

----

3. Ру́сские плака́ты

----

4. Биле́ты в Большо́й Теа́тр

----

5. Свобо́дные места́ в рестора́не

----

6. Ма́рки за грани́цу

----

5. Irregular verbs

Complete the tables using the required form of the pair of the infinitives:

PRESENT	FUTURE
Я встреча́ю	Я встре́чу
Он _____	Он ска́жет
Они́ отдыха́ют	Они́ _____
Она́ _____	Она́ ку́пит
Вы получа́ете	Вы _____
Мы _____	Мы придём
Он расска́зывает	Он _____
Я _____	Я спрошу́

встреча́ть/встре́тить

говори́ть/сказа́ть

отдыха́ть/отдохну́ть

покупа́ть/купи́ть

получа́ть/получи́ть

приходи́ть/прийти́

расска́зывать/рассказа́ть

спра́шивать/спроси́ть

Reading Corner

6. Коллекция марок

Read the text and then answer the questions.

Николай Михайлович Соколов коллекционер. Он собирает марки. Он начал собирать марки когда ещё был ребёнком. Его отец подарил ему первые марки. Это были очень старые марки и очень ценные. Так марки стали увлечением Николая. Он часто покупал целые комплекты марок «Транспорт», «Спорт», «Известные люди», «Памятные даты» и другие. Друзья и знакомые привозили ему марки из разных стран. Сейчас в его коллекции есть марки со всех континентов: Европы, Азии, Америки, Африки и даже Австралии.

Каждое воскресенье Николай Михайлович ездит в клуб филателистов. Там узнаёт новости в мире филателии. Он очень гордится своей коллекцией. Он говорит: «Лучший подарок – это почтовая марка!»

1. Когда Николай начал собирать марки? _____

2. Кто подарил ему первые марки? _____

3. Какие комплекты марок в его коллекции? _____

4. Кто привозил ему марки? _____

5. Что он делает в клубе филателистов? _____

Write Here

7. Telegram

Oleg is sending a telegram to his family from St. Petersburg: he will be arriving in Moscow tomorrow morning at 7:15, in car 5 of train 3. He wants them to take a taxi and meet him, as he has a lot of baggage.

Put the address in the correct order, then write the telegram in Russian for Oleg, using as few words as possible.

Слов	Плата		МИНИСТЕРСТВО СВЯЗИ РОССИИ	ПЕРЕДАЧА
	руб.	коп.	**ТЕЛЕГРАММА**	____го ____час. ____мин. № связи _____
			Из_____	
Итого			№_____	
Принял			____сл. ____го ____час. ____мин.	

Куда, кому: Соколовой Ларисе Павловне. г. Москва. Дом 202, квартира 161, корпус 3. индекс 115489. Сиреневый бульвар.

_____

Текст: _____

UNIT 18: I don't feel so good!

Unit 18 is about health and exercise, how people feel, and giving and seeking advice.

Match Game

1. Совет

Give suitable advice by matching the response on the right to the statement on the left.

1. У меня болит голова. ( )
2. У меня болят зубы. ( )
3. Я плохо вижу. ( )
4. Я устал(а). ( )
5. У меня есть рецепт. ( )
6. У меня аппендицит. ( )
7. Я толстею.

a. Вам нужно сделать операцию.
b. Вам нужно носить очки.
c. Вам нужно пойти в аптеку.
d. Вам нужно заниматься спортом.
e. Вам нужно принять аспирин.
f. Вам нужно отдохнуть.
g. Вам нужно пойти к зубному врачу.

Talking Point

2. Я заболела.

Tanya is not well today and a doctor is visiting her. Read their conversation and then write out the advice the doctor has given to her.

Таня: Алло. Это поликлиника?

Голос: Да, поликлиника. Слушаю Вас.

Таня: Мне кажется, что я заболела. Мне плохо. У меня болят голова и горло. И у меня сильный насморк.

Голос: Понятно. Я вызываю Вам врача. Врач будет сегодня после обеда.

Таня: Спасибо большое.

(later)

Врач: Что с Вами? Что болит? Есть температура?

Таня: Ночью была высокая температура, а сейчас нормальная. Но я очень плохо себя чувствую. Такая слабость!

Врач: Вы больны, у Вас грипп. Вам нельзя работать. Нужно лежать в постели и принимать лекарства.

Таня: Но я должна идти в университет на лекции. Ведь у меня скоро экзамены!

Врач: Ничего́ стра́шного. Вот Вам реце́пт. Принима́йте э́ти табле́тки три ра́за в день. Бо́льше пе́йте чай и со́ки. В ко́мнате до́лжен быть све́жий во́здух. Бу́дет ху́же, звони́те.

Та́ня: Спаси́бо, до́ктор. Я наде́юсь, что я ско́ро попра́влюсь.

Врач: Безусло́вно! Че́рез три – четы́ре дня бу́дете здоро́вы. Всего́ до́брого и до свида́ния.

Сове́ты врача́: ‑‑‑

‑‑

‑‑

Word Power

3. Ча́сти те́ла

Rearrange the letters to find the names for the parts of the body and then mark them on the picture.

1.ука́р ‑‑‑‑‑‑‑‑‑

2. гна́о ‑‑‑‑‑‑‑‑‑

3. ру́гьд ‑‑‑‑‑‑‑‑‑

4. яше́ ‑‑‑‑‑‑‑‑‑

5. цепа́л ‑‑‑‑‑‑‑‑‑

6. ко́толь ‑‑‑‑‑‑‑‑‑

7. лено́ко ‑‑‑‑‑‑‑‑‑

8. во́тжи ‑‑‑‑‑‑‑‑‑

9. волога́ ‑‑‑‑‑‑‑‑‑

4. Find the preposition

Read these sentences and fill in the blanks with the correct preposition from the box.

1. Вы больны́, Вам ну́жно пойти́ ‑‑‑‑‑‑‑‑‑ врачу́.

2. Вот реце́пт. Сходи́те ‑‑‑‑‑‑‑‑‑ апте́ку ‑‑‑‑‑‑‑‑‑ лека́рством.

3. Иди́те пря́мо ‑‑‑‑‑‑‑‑‑ у́лице, там поликли́ника.

4. Там река́, ну́жно е́хать ‑‑‑‑‑‑‑‑‑ мост.

5. Письмо́ ‑‑‑‑‑‑‑‑‑ Росси́и идёт три неде́ли.

6. Уже́ шесть часо́в. Оле́г идёт домо́й ‑‑‑‑‑‑‑‑‑ рабо́ты.

7. Студе́нты спеша́т ‑‑‑‑‑‑‑‑‑ ле́кцию.

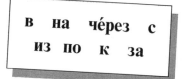

в	на	че́рез	с
из	по	к	за

Language Focus

5. Commands and requests

Fill in the blanks using the verbs given in parentheses in the form of a request or command, as in the example.

Example: Вы больны́. **Лежи́те** (лежа́ть) в посте́ли!

1. Йра, _____ (купи́ть) лека́рство в апте́ке.

2. На у́лице дождь. _____ (взять) зонт.

3. У Вас температу́ра. _____ (принима́ть) э́ти табле́тки.

4. О́чень хо́лодно. _____ (наде́ть) ша́пку.

5. Я Вас не слы́шу. _____ (говори́ть) гро́мче.

6. Пора́ спать! _____ (вы́ключить) телеви́зор!

6. Short adjectives

Fill in the blanks using the correct form of the short adjectives. Note that all adjectives are given in the masculine form.

1. (за́нят)

   Оле́г всегда́ _____.

   Вчера́ Ни́на была́ _____.

   За́втра студе́нты бу́дут _____.

2. (бо́лен)

   Неда́вно Та́ня была́ _____.

   Не говори́те гро́мко. Ребёнок _____

   У Вас температу́ра. Вы _____.

3. (рад)

   Мы всегда́ _____ гостя́м.

   Он был _____, что встре́тил друзе́й.

   Ма́ша бу́дет _____ уви́деть Вас!

4. (гото́в)

   Спортсме́ны _____ к соревнова́ниям.

   За́втра ты бу́дешь _____ в 7 часо́в утра́?

   Вчера́ она́ была́ не _____ к уро́ку.

Reading Corner

7. Письмо́ в реда́кцию

Lena has a problem so she has written a letter to the magazine **Рабо́тница** for advice. Read her letter and the answer to it, and then respond to the statements.

Рабо́тница

Дорога́я Ле́на!

Всё зави́сит то́лько от тебя́. Во-пе́рвых, ну́жно соблюда́ть режи́м дня: во́время встава́ть, де́лать заря́дку и пра́вильно пита́ться. Пре́жде всего́, ну́жно отказа́ться от сла́дкого и бо́льше есть фру́ктов и овоще́й. И бо́льше движе́ния! Я уве́рена, в спортклу́бе ты найдёшь себе́ друзе́й. Ну́жно то́лько нача́ть! Бу́дешь здоро́вой и счастли́вой. Жела́ю уда́чи!

«Рабо́тница».

Дорога́я реда́кция!
Что мне де́лать? У меня́ больша́я пробле́ма. Мне всего́ 12 лет, а я уже́ така́я то́лстая! В шко́ле ребя́та дра́знят меня́. Я чу́вствую себя́ тако́й несча́стной! Я стара́юсь ничего́ не есть. Когда́ я хочу́ есть, я то́лько пью чай и ем пиро́жное. Я о́чень люблю́ сла́дкое: моро́женое, конфе́ты, пече́нье. Говоря́т, что ну́жно занима́ться спо́ртом. Но я така́я то́лстая, что я стесня́юсь ходи́ть в бассе́йн или в спортза́л. Я всё вре́мя сижу́ до́ма и смотрю́ телеви́зор. У меня́ нет друзе́й. Мне о́чень ску́чно и одино́ко. Помоги́те мне, пожа́луйста, реши́ть мою́ пробле́му.
Ле́на. 12 лет. г. Во́логда.

Э́то так и́ли не так.

1. У Ле́ны нет пробле́м. --

2. Она́ не лю́бит сла́дкое --

3. Ле́на стесня́ется идти́ в спортза́л. ----------------------

4. У неё мно́го друзе́й. --

5. Всё зави́сит от Ле́ны. --

6. Ей ну́жно соблюда́ть режи́м дня. ----------------------

7. Ей ну́жно сиде́ть до́ма. --

✏️

Write Here

8. Что́бы быть здоро́вым ну́жно...

Choose which activities given in the box will make you healthy and add some of your own recommendations.

Есть фру́кты, пить во́дку, е́здить на маши́не, де́лать заря́дку, пить сок, есть мно́го мя́са, кури́ть, пла́вать в бассе́йне, лежа́ть на со́лнце, до́лго смотре́ть телеви́зор, ходи́ть пешко́м, занима́ться спо́ртом, е́здить на велосипе́де.

UNIT 19: Please can you help me?

Unit 19 is about how to ask what is going on and report what has happened, and how to express concern and give advice on what to do.

Match Game

1. Доро́жные зна́ки

Match the phrases with the traffic signs.

1. Сто́йте!

2. Осторо́жно, опа́сность!

3. Въезд запрещён.

4. Ско́льская доро́га.

5. Перекрёсток.

6. Светофо́р.

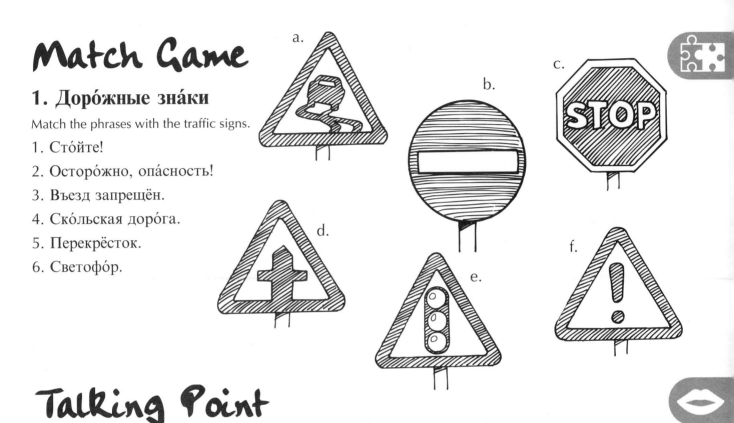

Talking Point

2. Что случи́лось?

Tanya has left her purse on the bus. She's very upset. Her mother suggests phoning the lost and found office. Read the conversation and then respond to the statements.

Ма́ма: Та́ня, что случи́лось? На тебе́ лица́ нет!

Та́ня: Э́то ужа́сно! Я забы́ла свою́ су́мку в авто́бусе.

Ма́ма: В како́м авто́бусе? Когда́?

Та́ня: Сего́дня у́тром, когда́ е́хала на заня́тия в авто́бусе №187.

Ма́ма: Не волну́йся! Сади́сь, вы́пей чаю и успоко́йся. Сейча́с что-нибу́дь приду́маем... Позвони́ в бюро́ нахо́док, мо́жет быть, они́ помо́гут. Вот их телефо́н.

(Tanya calls the lost property office)

Та́ня: Алло́? Бюро́ нахо́док?

Го́лос: Да, слу́шаю Вас.

Та́ня:	Извини́те, Вам не передава́ли сего́дня же́нскую су́мочку. Я её случа́йно оста́вила в авто́бусе №187 сего́дня у́тром.
Го́лос:	Да, но к нам поступа́ет мно́го веще́й ежедне́вно. Подожди́те, я посмотрю́ в журна́ле регистра́ции. … Да, есть же́нская су́мочка.
Та́ня:	Чёрная, ко́жаная. В су́мке кошелёк, кра́сная космети́чка, очки́, си́няя ру́чка и па́пка с делов́ыми бума́гами.
Го́лос:	Всё ве́рно. Но Вам ну́жно прие́хать сюда́ с па́спортом и опозна́ть Ва́шу су́мку.
Та́ня:	Обяза́тельно. Я е́ду неме́дленно! Спаси́бо Вам большо́е. Я так ра́да!
Ма́ма:	Ну, вот, ви́дишь. Не быва́ет ху́да без добра́.

1. Когда́ и где Та́ня забы́ла су́мочку? _____

2. Куда́ ну́жно позвони́ть? _____

3. Что бы́ло в су́мке? _____

4. Когда́ Та́ня пое́дет за су́мкой? _____

5. Как Вы понима́ете посло́вицы: _____

«На тебе́ лица́ нет.» _____

«Нет ху́да без добра́.» _____

Word Power

3. Бюро́ нахо́док

All the clues in the puzzle are things held at the lost and found office. To find out who these things belong to, fill in the blanks in the sentences. The center column will tell you what Nina has lost.

1. Де́душка пло́хо ви́дит. Он потеря́л свой _____ .

2. В магази́не кто-то потеря́л _____ с ме́лочью.

3. Воло́дя оста́вил _____ в рестора́не. В нём бы́ло мно́го де́нег.

4. Джим пое́хал фотографи́ровать и забы́л _____ в такси́.

5. Ива́н е́хал на рыба́лку и оста́вил _____ в электри́чке.

6. Я не зна́ю ско́лько вре́мени, я потеря́ла свой _____ .

7. Идёт дождь. Где Ваш _____?

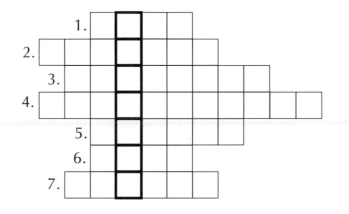

4. Incidents and accidents

Choose the appropriate caption from the box for each picture.

Он упа́л.   Он слома́л но́гу.
Он ушиб па́лец.   Велосипе́д слома́лся.
Разби́ли окно́.   Произошла́ ава́рия.
Ча́шка разби́лась.

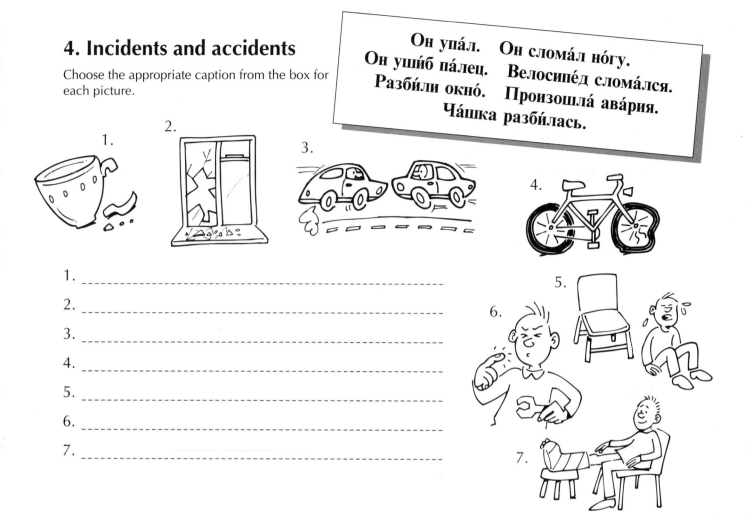

1. _____

2. _____

3. _____

4. _____

5. _____

6. _____

7. _____

Language Focus

5. Whose bag is this?

Fill in the blanks with the pronouns чей, чья, чьё, чьи and answer the questions using the nouns given in parentheses. Follow the example.

Example: (сестра́) *Чья* э́то су́мка?   *Это су́мка сестры́.*

1. (мать) _____ э́то зо́нтик?   _____

2. (оте́ц) _____ э́то кре́сло?   _____

3. (де́душка) _____ э́то очки́?   _____

4. (студе́нты) _____ э́то кни́ги?   _____

5. (сосе́ди) _____ э́то де́ти?   _____

6. (друзья́) _____ э́то фотогра́фии?   _____

Reading Corner

6. Происшествия

Read this report of an accident from the newspaper and then answer the questions.

1. Когда́ произошла́ ава́рия?

   ----

2. Как э́то произошло́?

   ----

3. Каки́е челове́ческие же́ртвы?

   ----

4. Каки́е слу́жбы при́были на по́мощь?

   ----

5. Каки́е причи́ны ава́рии?

Вчера́ но́чью произошла́ ава́рия на автомагистра́ли Москва́–Влади́мир. Авто́бус столкну́лся с грузовико́м. Име́ются челове́ческие же́ртвы: три челове́ка поги́бли и 10 челове́к получи́ли серьёзные ране́ния. Слу́жба ГАИ и «Ско́рая по́мощь» бы́стро при́были на ме́сто происше́ствия. Причи́ной ава́рии оказа́лись: ско́льзкая по́сле дождя́ доро́га и превыше́ние ско́рости со стороны́ води́теля грузови́ка. Ведётся дальне́йшее рассле́дование.

Write Here

7. Сове́ты

Here's some advice about what you should do in Russia in an emergency. Complete these sentences using the names of the services given in the box.

> **Мили́ция   Ско́рая по́мощь**
> **Слу́жба 01**
> **Медпу́нкт   Ремо́нт часо́в**
> **Бюро́ нахо́док**

Example: _Если Вы потеряли чемодан, надо пойти в Бюро находок._

1. Если произошла́ ава́рия, на́до ------------------------------------

2. Если Вы уши́бли ру́ку, на́до ------------------------------------

3. Если у Вас укра́ли де́ньги, на́до ------------------------------------

4. Если произошёл пожа́р, на́до ------------------------------------

5. Если у Вас слома́лись часы́, на́до ------------------------------------

UNIT 20: Let's go out tonight.

This unit is about making arrangements and expressing your hopes and intentions.

Match Game

1. Negative expressions

Match the questions on the left with the answers on the right.

1. Куда́ Вы идёте сего́дня ве́чером? (　) a. Никто́.
2. Кому́ Вы писа́ли об э́том? (　) b. Ничего́.
3. О чём вы говори́ли? (　) c. Никуда́.
4. Кого́ ты зна́ешь здесь? (　) d. Ни о чём.
5. Когда он вернётся? (　) e. Нигде́.
6. Что Вы слы́шали об э́том? (　) f. Никогда́.
7. Где она́ рабо́тает? (　) g. Никому́.
8. Кто реши́л зада́чу? (　) h. Никого́.

Talking Point

2. Хорошо́ бы пойти́ в теа́тр!

Tanya and Andrei have decided to go to the theater on Saturday evening. They are looking at the list of what's on, trying to decide which theater to choose.

Андре́й: Что ты де́лаешь в суббо́ту ве́чером? Ты свобо́дна?

Та́ня: В о́бщем-то, да. Я бы хоте́ла пойти́ в теа́тр. Я не была́ там ты́сячу лет! А что ты предлага́ешь?

Андре́й: Мне бы хоте́лось пойти́ в кино́, посмотре́ть како́й-нибу́дь детекти́в. Но е́сли ты хо́чешь в теа́тр, то мы пойдём в теа́тр. Хорошо́ бы узна́ть что и где идёт.

Та́ня: Дава́й зайдём в театра́льную ка́ссу.

(at the box-office) Вот репертуа́р моско́вских теа́тров на э́тот ме́сяц. В Большо́м идёт о́пера «Евге́ний Оне́гин» в суббо́ту ве́чером. Бы́ло бы интере́сно послу́шать.

Андре́й: Ты же зна́ешь, что я никогда́ не хожу́ на о́перы, потому́ что я ничего́ не понима́ю и мне ску́чно. Я бы вы́брал что-нибу́дь поле́гче.

Та́ня: Мо́жет быть, посмо́трим «Все звёзды» во Дворце́ Спо́рта.

Андре́й: А что э́то тако́е?

Та́ня: Э́то музыка́льное шо́у на льду с уча́стием знамени́тых звёзд фигу́рного ката́ния. Я ду́маю, что тебе́ бы понра́вилось.

Андрéй: Решенó! Тóлько вот, есть ли билéты? Бы́ло бы лýчше, éсли бы мы подýмали об э́том рáньше.

Тáня: Я сейчáс спрóшу. (a few minutes later) Нам повезлó! Вот два билéта во Дворéц Спóрта на суббóту на вéчер.

Э́то так и́ли не так?

1. Тáня занятá в суббóту вéчером. _____

2. Тáня хотéла бы послýшать óперу. _____

3. Андрéй никогдá не хóдит на óперы. _____

4. Они́ пойдýт во Дворéц Спóрта на футбóл. _____

5. Тáня не купи́ла билéты. _____

Word Power

3. Билéт

Look at this theater ticket and answer the questions.

> **МАРИИНСКИЙ ТЕАТР**
> Санкт-Петербург
> Театральная пл., 1
>
> **БЕЛЬЭТАЖ ЛОЖА № 19**
> ЛЕВАЯ СТОРОНА
>
> Место № 6
>
> ВЕЧЕР   Серия ТК
> Цена 40.000 руб.
>
> 19 12 94
>
> 000005

1. Какóй э́то теáтр? _____

2. Где нахóдится э́тот теáтр? _____

3. Э́то партéр и́ли бельэтáж? _____

4. Лéвая и́ли прáвая сторонá? _____

5. Какóй нóмер лóжи? _____

6. Какóе мéсто? _____

7. Э́то билéт на ýтро и́ли на вéчер? _____

8. Скóлько стóит билéт? _____

4. Find the verb

Complete the sentences using the verbs from the box in their correct form.

> аплоди́ровать   достáть
> игрáть   идти́
> понрáвиться   предпочитáть

1. Что _____ в Большóм теáтре?

2. Óчень трýдно _____ билéты.

3. Вам _____ пьéса Чéхова «Дя́дя Вáня»?

4. Что Вы _____: óперу, балéт и́ли дрáму?

5. Кто _____ роль Гáмлета?

6. Зри́тели дóлго _____.

Language Focus

5. Понра́виться

Fill in the blanks using the correct form of the verb понра́виться.

1. Неда́вно мы бы́ли в теа́тре. Мне о́чень _____ спекта́кль.

2. Андре́ю бы́ло ску́чно. Ему́ не _____ о́пера.

3. Де́тям о́чень _____ арти́сты ци́рка.

4. Замеча́тельное представле́ние! А Вам _____?

5. Тури́стам _____ ру́сские пе́сни.

6. The conditional

Finish the sentences using the phrases given in parentheses. Remember that these sentences express unreal conditions, so you must use the past tense after бы in order to construct the conditional.

Example: Е́сли бы у меня́ был тала́нт, <u>*я бы стал актёром*</u> (стать актёром).

1. Е́сли бы у неё бы́ло свобо́дное вре́мя, _____ (пойти́ в теа́тр).

2. Е́сли бы у него́ бы́ли де́ньги, _____ (купи́ть биле́ты).

3. Е́сли бы мы взя́ли такси́, _____ (не опозда́ть).

4. Е́сли бы я знал Ваш а́дрес, _____ (написа́ть письмо́).

Reading Corner

7. Москва́ – Ду́блин

Dublin is soon to be the venue for the Eurovision Song Contest. Read this interview with the Russian TV presenter, Tatiana Nikolaeva, in the newspaper Аргуме́нты и фа́кты and then answer the questions.

Журнали́ст: Тридца́того апре́ля в Ду́блине состои́тся очередно́й ко́нкурс пе́сни Еврови́дения. Каки́е Ва́ши ожида́ния?

Татья́на: Э́то оди́н из са́мых прести́жных междунаро́дных ко́нкурсов. В э́том году́ Росси́я – впервы́е (!) – принима́ет уча́стие в нём.

Журнали́ст: Зна́чит есть шанс заяви́ть в на́ших возмо́жностях и тала́нтах?

Татья́на: Разуме́ется. Ведь и́менно на э́том ко́нкурсе весь мир узна́л и́мя знамени́той шве́дской гру́ппы «АББА».

Журнали́ст: Наве́рное, тру́дно де́лать пе́рвые шаги́ в Евро́пу?

Татья́на: Да, нелегко́. Ну́жно бы́ло изучи́ть стро́гие пра́вила ко́нкурса. Профессиона́льно провести́ наш отбо́рочный тур. Да и вре́мени бы́ло ма́ло.

Журналист: Кто же бу́дет представля́ть Росси́ю в Евро́пе?

Татья́на: Как изве́стно, победи́ла Мари́я Кац с пе́сней "Ве́чный стра́нник". Это тала́нтливая и неордина́рная певи́ца. Я ду́маю, что жюри́ сде́лало пра́вильный вы́бор.

Журнали́ст: Ну что ж, бу́дем наде́ятся на лу́чшее.

1. Како́й ко́нкурс состои́тся в Ду́блине?

----

2. Росси́я впервы́е принима́ет уча́стие в э́том ко́нкурсе?

----

3. Как э́тот ко́нкурс помога́ет молоды́м тала́нтам?

----

4. Каки́е тру́дности в подгото́вке к ко́нкурсу?

----

5. Почему́ Мари́я Кац бу́дет представля́ть Росси́ю?

Write Here

8. Questions about the theater

Write the questions to these answers.

1. --- Да, я о́чень люблю́ теа́тр.

2. --- Нет, я хожу́ в теа́тр не ча́сто.

3. --- Я предпочита́ю класси́ческую му́зыку.

4. --- Вчера́ мы бы́ли на конце́рте.

5. --- Да, мне о́чень понра́вился.

6. --- На́ши места́ бы́ли в парте́ре.

UNIT 21 : Let's celebrate!

This unit is about Russian festivals and public holidays, greetings cards, tidying the home, and preparing for special occasions.

Match Game

1. С пра́здником!

Match the illustrations on the right to the phrases on the left.

1. С Но́вым го́дом!
2. С 8 Ма́рта!
3. С Днём Побе́ды!
4. С Днём Рожде́ния!
5. С новосе́льем!
6. С новорождённым!

Talking Point

2. За́втра 8-ое Ма́рта!

March 8 is a national holiday in Russia. On this day men honor their women by buying flowers and presents, as well as doing all the housework. Oleg Sokolov and his son Ivan are discussing their plans for this day. Ivan isn't very enthusiastic! Read their conversation and answer the questions.

Оле́г: Ива́н, пора́ встава́ть! Ты же зна́ешь, что у нас сего́дня мно́го дел.

Ива́н: Ой, как не хо́чется! Я бы ещё поспа́л немно́го.

Оле́г: За́втра 8-ое Ма́рта – междунаро́дный же́нский день. В э́тот день же́нщинам да́рят цветы́ и пода́рки.

Ива́н: Ах, да! Я совсе́м забы́л! Каки́е есть иде́и? Что мы бу́дем дари́ть ма́ме, ба́бушке и Та́не?

Оле́г: Обяза́тельно ну́жно купи́ть цветы́. Все же́нщины лю́бят цветы́. А вот насчёт пода́рков на́до поду́мать.

Ива́н: Что тут ду́мать! Я предлага́ю купи́ть: ба́бушке – коро́бку конфе́т, ма́ме – её люби́мые духи́, а Та́не - но́вую те́ннисную раке́тку.

Оле́г:	Вот ви́дишь, как ты хорошо́ зна́ешь же́нские вку́сы. Что бы я без тебя́ де́лал!
Ива́н:	Я наде́юсь, все пробле́мы решены́?
Оле́г:	Чуть не забы́л! В э́тот день мужчи́ны должны́ де́лать все дома́шние дела́. Ну́жно убра́ть кварти́ру, погла́дить бельё, купи́ть проду́кты, пригото́вить пра́здничный обе́д, пото́м вы́мыть посу́ду...
Ива́н:	Да... (sighs) Мо́жет быть, для же́нщин э́то пра́здник, а для меня́ про́сто сиби́рская ка́торга!
Оле́г:	Не во́рчи. Давай за рабо́ту! Дел мно́го, а вре́мени ма́ло.

1. Почему́ Ива́ну пора́ встава́ть? _____

2. Како́й пра́здник 8-ое Ма́рта? _____

3. Что ну́жно купи́ть же́нщинам обяза́тельно? _____

4. Что Ива́н предлага́ет купи́ть ба́бушке, ма́ме и Та́не? _____

5. Что мужчи́ны должны́ де́лать 8-ого Ма́рта. _____

6. Ива́ну нра́вится пра́здник 8-ое Ма́рта? _____

Word Power

3. Дома́шние дела́

Write captions to fit the pictures using the verbs from the box.

гла́дить	гото́вить	мыть
стира́ть	убира́ть	чини́ть

1. _____

2. _____

3. _____

4. _____

5. _____

6. _____

4. Посу́да

Which items in the box would you expect to find in a kitchen?

автобус блю́до ве́тер ви́лка го́род де́рево кастрю́ля кофе́йник крова́ть кру́жка ло́дка ло́жка нож по́езд самолёт сковорода́ стака́н таре́лка тетра́дь ча́йник ча́шка

Language Focus

5. The dative plural

These people want to send greetings cards to their relatives and friends. Look at the chart and write sentences as in the example.

Example: _Оле́г хо́чет посла́ть 10 откры́ток колле́гам в Москву́._

	Кто	Ско́лько	Кому́	Куда́
	Оле́г	10	колле́ги	Москва́
1.	Джим	2	роди́тели	Бо́стон
2.	Не́нси	5	ро́дственники	Аме́рика
3.	Ли́дия	1	де́ти	Ки́ев
4.	Вы	7	друзья́	Фра́нция
5.	Я	12	студе́нты	Росси́я

6. Пра́здничный у́жин

The Sokolov family went out to a restaurant for a celebratory meal. Read the story and fill in the blanks using the prefixed form of the verb идти́ in the past tense. One has been done for you.

На пра́здник 8-ое Ма́рта мы реши́ли пойти в рестора́н. Ве́чером мы краси́во оде́лись и **пошли́** (went) в рестора́н. Когда́ мы _____ (were going) туда́, начался́ дождь. По доро́ге в рестора́н мы _____ (popped into) в магази́н и купи́ли ма́ме цветы́. Мы _____ (entered) в рестора́н и се́ли за стол. Официа́нт _____ (came up to) к на́шему столу́ и мы заказа́ли у́жин. Оте́ц хоте́л кури́ть и он _____ (went outside) на пять мину́т. У́жин был о́чень вку́сный. Мы _____ (left) из рестора́на в 11 часо́в. Мы _____ (came) домо́й по́здно.

Reading Corner

7. Ру́сские пра́здники

Read Nina's letter to her American penpal about Russian public holidays and then describe each of them as you remember them.

Но́вый год: _____

Восьмо́е Ма́рта: _____

Девя́тое Ма́я: _____

Религио́зные пра́здники: _____

Write Here

8. Откры́тка

Here is a greetings card Jim sent to his Russian friend on her birthday. Can you write a similar one?

Здра́вствуй, дорога́я Ши́ла!
Я хочу́ рассказа́ть тебе́ о ру́сских национа́льных пра́здниках. Гла́вный и всёми люби́мый пра́здник э́то Но́вый год. Мы украша́ем Новогоднюю ёлку и Дед Моро́з прино́сит пода́рки де́тям. В 12 часо́в бьют Кремлёвские кура́нты и лю́ди встаю́т, пьют шампа́нское и крича́т: «С Но́вым го́дом! С Но́вым сча́стьем!» Восьмо́е Ма́рта – междунаро́дный же́нский день. Это мой люби́мый пра́здник, потому́ что люблю́ получа́ть цветы́ и пода́рки. Девя́тое Ма́я – День Побе́ды. Это вели́кий пра́здник. В э́тот день лю́ди отдаю́т дань па́мяти 20 миллио́нам поги́бших в Вели́кую Отечественную войну́ 1941–1945. За после́дние го́ды религио́зные пра́здники Рождество́, Па́сха и други́е ста́ли популя́рны в ру́сских се́мьях. Лю́ди иду́т в це́рковь на торже́ственные пра́здничные слу́жбы.

Дорога́я Ната́ша!
Поздравля́ю тебя́ с Днём рожде́ния!
Жела́ю здоро́вья, успе́хов в учёбе и большо́го сча́стья.
С наилу́чшими пожела́ниями, Джим.

UNIT 22: I haven't seen you for ages!

This unit is about past experiences, meeting old friends and exchanging news, and talking about your life.

Match Game

1. Opposites

Find the verb in the second group that is opposite in meaning to the verb in the first group.

встреча́ть говори́ть
жить заболе́ть
забыва́ть открыва́ть
покупа́ть посыла́ть
теря́ть стро́ить

вспомина́ть закрыва́ть
молча́ть находи́ть
получа́ть попра́виться
провожа́ть продава́ть
разруша́ть умира́ть

Talking Point

2. Шко́льные друзья́

Tanya bumps into an old friend. Read their conversation and then respond to the statements.

Та́ня: Ско́лько лет, ско́лько зим! Приве́т, Ма́ша!

Ма́ша: Та́нечка! Вот так встре́ча! Как ты пожива́ешь? Где ты, что ты, как ты?!

Та́ня: Спаси́бо, непло́хо. Зака́нчиваю университе́т и ско́ро уе́ду из Москвы́. Мне предложи́ли интере́сную рабо́ту на Да́льнем Восто́ке. А ты как?

Ма́ша: Ничего́ осо́бенного. По́сле шко́лы вы́шла за́муж. У нас уже́ дво́е дете́й: ма́льчик и де́вочка.

Та́ня: Как здо́рово! Ты, наве́рное, о́чень сча́стлива?

Ма́ша: Да, коне́чно. То́лько вре́мени свобо́дного совсе́м нет. Ты ви́дишь кого́-нибу́дь из на́шего кла́сса?

Та́ня: Иногда́ ви́жу. Ты по́мнишь Ви́ктора, у кото́рого мы бы́ли на сва́дьбе? Он тепе́рь слу́жит в а́рмии.

Ма́ша: Коне́чно, по́мню. В шко́ле он хорошо́ игра́л на гита́ре и пел англи́йские пе́сни.

Та́ня: А неда́вно я ви́дела на́ших учителе́й А́нну Ива́новну и Па́вла Петро́вича. Они́ сказа́ли, что в шко́ле тепе́рь но́вый дире́ктор.

Ма́ша:	Ой! Уже́ пять часо́в! Я должна́ бежа́ть! Зна́ешь что, приходи́ к нам в го́сти в сле́дующую суббо́ту. Посиди́м, поболта́ем, посмо́трим шко́льные фотогра́фии...
Та́ня:	Спаси́бо большо́е. Обяза́тельно приду́. Всего́ хоро́шего, Ма́ша.
Ма́ша:	Пока́. До суббо́ты!

Э́то так и́ли не так?

1. Та́ня давно́ не ви́дела Ма́шу. _____

2. Ма́ше предложи́ли хоро́шую рабо́ту за грани́цей. _____

3. Ма́ша за́мужем и у неё дво́е дете́й. _____

4. Ма́ша по́мнит Ви́ктора. _____

5. Неда́вно Та́ня встре́тила дире́ктора шко́лы. _____

6. Та́ня пойдёт в го́сти в сле́дующее воскресе́нье. _____

Word Power

3. Да́ты

Look at the table, which gives the dates of some great Russian writers, and write dialogues, as in the example.

1.	А. С. Пу́шкин	1799–1837
2.	М. Ю. Ле́рмонтов	1814–1841
3.	Н. В. Го́голь	1809–1852
4.	Ф. М. Достое́вский	1821–1881
5.	Л. Н. Толсто́й	1828–1910
	А. П. Че́хов	1860–1904

Example: *Когда́ роди́лся Пу́шкин?* _____
В ты́сяча семьсо́т девяно́сто девя́том году́. _____
А когда́ он у́мер? _____
В ты́сяча восемьсо́т три́дцать седьмо́м году́. _____

4. Adverbs

Next to each adverb write its opposite.

1. хорошо́	_____		6. наверху́	_____
2. бы́стро	_____		7. вперёд	_____
3. далеко́	_____		8. сюда́	_____
4. ча́сто	_____		9. неда́вно	_____
5. гро́мко	_____		10. мно́го	_____

Language Focus

5. Do you remember …?

Write short dialogues using the correct form of кото́рый/кото́рая.

1. Ты по́мнишь Ви́ктора?

   Како́го?

   Кото́рый учи́лся в на́шем кла́ссе.

   У _____ была́ ста́ршая сестра́.

   С _____ мы е́здили на Байка́л.

   О _____ я тебе́ писа́ла.

   К _____ мы ходи́ли на сва́дьбу.

   _____ мы встре́тили в метро́.

2. Вы зна́ете Ната́шу?

   Каку́ю?

   Кото́рая жила́ в на́шем до́ме.

   С _____ Вы говори́ли по телефо́ну.

   У _____ была́ соба́ка.

   О _____ я Вам расска́зывал.

   К _____ мы ходи́ли в го́сти.

   _____ мы ви́дели в па́рке.

6. Что он сказал?

Change the sentences into indirect speech as in the example. Remember that Russian indirect statements retain the tense of the original statement. Be sure to use the article ли in the general indirect statement.

Example: Она́ спроси́ла: «Что ты де́лаешь?»

Она́ спроси́ла, что я де́лаю.

Он спра́шивает: «Ты пойдёшь в кино́?»

Он спра́шивает пойду́ ли я в кино́.

1. Ма́ша спра́шивает: «Ты придёшь в го́сти?» _____
2. Та́ня говори́т: «Я пое́ду на Да́льний Восто́к». _____
3. Они́ сказа́ли: «В шко́ле но́вый дире́ктор». _____
4. Ма́ма сказа́ла: «Я ходи́ла в магази́н». _____
5. Тури́ст спра́шивает: «Ско́лько сто́ит матрёшка?» _____
6. Она́ спроси́ла: «Где Вы живёте?» _____

Reading Corner

7. I'm writing to apply for …

Read Tanya's application letter for a new job and then write the questions she was asked at the interview.

1. _____

Я родила́сь в Москве́.

2. _____

Я зако́нчила университе́т в 1995 году́.

3. _____

Нет, я не за́мужем.

4. _____

Потому́ что я всегда́ мечта́ла там жить и рабо́тать.

5. _____

В свобо́дное вре́мя я люблю́ занима́ться спо́ртом и́ли слу́шать му́зыку.

6. _____

Да, я гото́ва к тру́дностям.

Уважа́емый господи́н дире́ктор!

Я прочита́ла объявле́ние в газе́те «Росси́я» о том, что в Ва́шей фи́рме есть вака́нсия экономи́ста.

Мне 23 го́да. Я родила́сь и вы́росла в Москве́. Но я всегда́ мечта́ла о Да́льнем Восто́ке. Мне ка́жется, что э́то бога́тый и необы́чный край. Я хоте́ла бы жить и рабо́тать там. В 1995 го́ду я зако́нчила Моско́вский госуда́рственный университе́т, фина́нсово-экономи́ческий факульте́т. У меня́ нет о́пыта рабо́ты, но у меня́ есть зна́ния и жела́ние. Я хочу́ найти́ своё ме́сто в жи́зни и испо́льзовать мои́ зна́ния в интере́сной рабо́те. Я понима́ю, что мне ну́жно ещё мно́гому учи́ться и я гото́ва к тру́дностям. Я общи́тельный челове́к. Люблю́ спорт, теа́тр и класси́ческую му́зыку.

Наде́юсь, что мои́ зна́ния бу́дут поле́зны Ва́шей фи́рме.

С уваже́нием, Татья́на Соколо́ва.

Write Here

8. О себе́

Answer these questions about yourself.

1. Когда́ и где Вы родили́сь? _____

2. Когда́ Вы пошли́ в шко́лу? _____

3. Кем Вы мечта́ли быть? _____

4. Вы у́читесь и́ли рабо́таете? _____

5. Вы за́мужем (жена́ты)? _____

6. Вы ча́сто е́здили за грани́цу? Куда́? _____

7. Где Вы предпочита́ете отдыха́ть? _____

8. Ско́лько лет Вы изуча́ете ру́сский язы́к? _____

UNIT 23: Come again!

This unit is about your reminiscences and travel experiences.

Match Game

1. Question words

Match the questions on the left to the answers on the right.

1. Кому́ Вы купи́ли сувени́ры?	( )	a. В А́нглию.
2. Кого́ ты провожа́ешь?	( )	b. Вот он.
3. Куда́ Вы посла́ли телегра́мму?	( )	c. В сле́дующем году́.
4. О чём он расска́зывает?	( )	d. В 11 часо́в утра́.
5. С кем она́ говори́т по телефо́ну?	( )	e. О Росси́и.
6. Во ско́лько самолёт?	( )	f. Роди́телям, сестре́ и бра́ту.
7. Где Ваш бага́ж?	( )	g. Друзе́й.
8. Когда́ вы прие́дете опя́ть?	( )	h. С колле́гами.

Talking Point

2. Приезжа́й к нам опя́ть!

Jim is spending his last evening in Russia with his Russian friends. Read their conversation and then answer the questions.

Ната́ша: О́чень жаль, что ты за́втра уезжа́ешь. Во ско́лько самолёт?

Джим: В 11 часо́в утра́. На́до заказа́ть такси́.

Артём: Не на́до. Мы пое́дем в аэропо́рт на мое́й маши́не. Мо́жет быть, ты хо́чешь зае́хать в магази́н купи́ть после́дние сувени́ры?

Джим: Нет, спаси́бо. Я уже́ купи́л сувени́ры: ма́ме самова́р, отцу́ – деревя́нную ло́жку, сестре́ – матрёшку, дру́гу – кни́гу о Москве́.

Та́ня: Ну, молоде́ц! Никого́ не забы́л! А тепе́рь, по ста́рому ру́сскому обы́чаю, дава́йте все за стол! У меня́ всё гото́во.

Артём: Я предлага́ю тост за на́шего англи́йского дру́га Джи́ма! Жела́ю ему́ счастли́вого пути́ и всего́ са́мого до́брого. Наде́юсь, тебе́ понра́вилось в Росси́и?

Джим: Óчень понра́вилось. Всё бы́ло так интере́сно! Когда́ я прие́ду в Бо́стон, я расскажу́ мои́м друзья́м о ва́ших прекра́сных музе́ях, теа́трах и, коне́чно, о ру́сских лю́дях. Я всегда́ бу́ду вспомина́ть Росси́ю. Спаси́бо вам за всё!

Артём: У меня́ есть фотоаппара́т. Дава́йте фотографи́руемся на па́мять.

Ната́ша: Отли́чная иде́я! Мы бу́дем скуча́ть по тебе́, Джим. Не забыва́й нас и пиши́ поча́ще пи́сьма.

Джим: Обяза́тельно напишу́.

Та́ня: Приезжа́й к нам опя́ть. Мы бу́дем о́чень ра́ды.

Э́то так и́ли не так?

1. Джим уезжа́ет сего́дня ве́чером. _____

2. Самолёт вылета́ет в 11 часо́в утра́. _____

3. Джим уже́ купи́л сувени́ры. _____

4. Артём предлага́ет тост за Ната́шу. _____

5. Артём предлага́ет пойти́ погуля́ть. _____

6. Джим бу́дет писа́ть пи́сьма в Росси́ю. _____

Word Power

3. Санкт-Петербу́рг

During his stay in Russia Jim went to St. Petersburg to get acquainted with the sights of the famous city. Figure out which word is missing in each sentence and use it to complete the crossword puzzle.

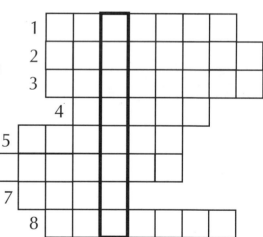

1. Са́мый изве́стный музе́й Санкт-Петербу́рга называ́ется _____.

2. Строи́тельство Санкт-Петербу́рга начало́сь с Петропа́вловской _____.

3. На пло́щади стои́т _____ А С Пу́шкину.

4. Гла́вная це́рковь го́рода Исаа́киевский _____.

5. Ру́сский царь жил в Зи́мнем _____.

6. За 900 дней вое́нной блока́ды Ленингра́да 650 ты́сяч челове́к похоро́нены на Пискарёвском _____.

7. Санкт-Петербу́рг стои́т на реке́ _____.

8. В Ру́сском музе́е нахо́дится карти́нная _____ ру́сской жи́вописи.

Center column:

На пло́щади Побе́ды нахо́дится _____ поги́бшим в 1941–1945 года́х ленингра́дцам.

Language Focus

4. Поездка

Read the story about Jim's trip to St. Petersburg and fill in the blanks with the prefixed form of the verb éхать in the past tense. One has been done for you.

Джим **поéхал** на экскýрсию в Санкт-Петербýрг. Он _____(arrived) в Санкт-Петербýрг рáно ýтром и егó встрéтила Натáша. Они взяли такси и _____(went) в гостиницу. По дорóге они _____(popped in) в театрáльную кáссу. Гостиница былá на другóм берегý реки и они _____(crossed) чéрез мост. Наконéц они _____(arrived at) до гостиницы. Джим хорошó провёл врéмя в Санкт-Петербýрге. Он _____(left) из Санкт-Петербýрга обрáтно в Москвý в пятницу.

5. Plural adjectives and pronouns

Fill in the blanks with the required form of the adjectives and pronouns given in parentheses.

Example: Джим бýдет вспоминáть о **своих рýсских** (свой рýсские) друзьях.

1. Мы любим гулять по _____(стáрые москóвские) ýлицам.
2. _____(Вáши инострáнные) туристам понрáвилась экскýрсия по гóроду?
3. Недáвно я встрéтил _____(нáши шкóльные) учителéй.
4. В Санкт-Петербýрге мнóго _____(интерéсные) музéев.
5. Я надéюсь встрéтиться с _____(мои английские) коллéгами.

Reading Corner

6. Путешéствуте с нáми!

Look at this advertisement by a Russian travel agency advertising a trip to St. Petersburg and then write questions to the answers given.

Вы бывáли в Санкт-Петербýрге? Нет, ещё? Вы мнóгое теряете! Нáша фирма «Сéвертур» предлáгает Вам уникáльное путешéствие в знаменитый гóрод на Невé. В комфортáбельных автóбусах нáши экскурсовóды провезýт Вас по прекрáсным плóщадям и проспéктам сéверной столицы. На экскýрсии по гóроду Вы увидите Петропáвловскую крéпость, Исаáкиевский собóр, легендáрный крéйсер «Аврóра», посетите Пискарёвское мемориáльное клáдбище. В прогрáмме тýра посещéние Эрмитáжа, где Вы познакóмитесь с произведéниями зáпадно-европéйской живописи и скульптýры, пройдётесь по роскóшным зáлам Зимнего Дворцá. А как приятно прокатиться на кáтере по рéкам и канáлам Санкт-Петербýрга!

Мы Вас ждём!

Спрáвки по телефóнам: (095) 317-18-44
(095) 317-18-69

1. _____

Эта экскурсия сто́ит 150 ты́сяч рубле́й.

2. _____

По́езд отправля́ется в Санкт-Петербу́рг в 10 часо́в ве́чера.

3. _____

Тури́сты бу́дут жить в гости́нице.

4. _____

Да, мо́жно заказа́ть но́мер на одного́.

5. _____

Да, в програ́мме есть экску́рсия в Эрмита́ж.

6. _____

Ве́чером мо́жно пойти́ в теа́тр и́ли в рестора́н.

Write Here

7. Путеше́ствие за грани́цу

Write about your own experiences of travel abroad. The phrases below will help you.

Example: *Éздил(а) во Фра́нцию? Нет, я е́здил(а) в Испа́нию про́шлым ле́том.*

Éздил(а) во Фра́нцию?

На самолёте/на по́езде?

Жил(а) в гости́нице/у друзе́й?

Ходи́л(а) на экску́рсии?

Осмотре́л(а) достопримеча́тельности?

На́шёл (нашла́) но́вых друзе́й?

Óчень хорошо́ провёл (провела́) вре́мя?

UNIT 24: Review

This unit gives you a chance to review all the work you have done in the previous units.

1. Find the word

What are these words?

1. а_ _ _ _ я   маши́ны столкну́лись
2. в_ _ _ _ _ _ д   тра́нспорт
3. _ _ _ _ é _ _   ми́тинг
4. _о_о_о_   контра́кт
5. к_ _ _ _ _ _ы   о́тдых для дете́й
6. к_ _ _ _ _ _ _ _ _а   делова́я пое́здка
7. _ _ _е_ё_   су́мка для де́нег
8. л_ _ _ _ _ _ _о   Вы принима́ете, когда́ Вы больны́
9. м_ _ _ _ _ _р_ _ _ _   интернациона́льный
10. п_ _ _ _ _к   монуме́нт
11. _о_а_о_   Вы да́рите в пра́здник
12. р_ _ _ _ _ _ _е   гра́фик рабо́ты
13. _е_ _а_а   объявле́ние о но́вом

2. Opposites

Write down the opposites of these words.

1. мно́го   - - - - - - - - -
2. приходи́ть   - - - - - - - - -
3. тёмный   - - - - - - - - -
4. всегда́   - - - - - - - - -
5. день   - - - - - - - - -

6. гро́мко   - - - - - - - - -
7. приезжа́ть   - - - - - - - - -
8. наверху́   - - - - - - - - -
9. по́здно   - - - - - - - - -
10. всё   - - - - - - - - -

3. Negatives

Complete the sentences choosing the correct negative adverb. One has been done for you.

1. Мне ску́чно. Я никого́ здесь не зна́ю.

2. Он всё вре́мя сиди́т до́ма. Он _ _ _ _ _ _ _ _ _ _ не хо́дит.

3. Повтори́те, пожа́луйста, ещё раз. Я _ _ _ _ _ _ _ _ _ _ не по́нял.

4. Это секре́т. Вы _____ не говори́те!

5. Де́душка _____ не зна́ет, где его́ очки́.

4. Numerals

Write out the numbers in full.

Example: *18 лет. Восемна́дцать лет.* _____

1. 44 го́да _____

2. 138 рубле́й _____

3. 450 челове́к _____

4. 2256 книг _____

5. 1-ый уро́к _____

6. 9-ое ма́я _____

7. В 1945-ом году́ _____

8. 15-ого сентября́ 1977 го́да _____

5. Question words

Fill in the blanks with the appropriate question words and then match
the questions to the answers.

1. _____ ты пое́дешь в сле́дующем году́?   ( )   a. Сейча́с 5 часо́в.
2. _____ отхо́дит по́езд?   ( )   b. Пло́хо. Я заболе́л.
3. _____ ты не хо́чешь суп?   ( )   c. О Росси́и.
4. _____ сейча́с вре́мени?   ( )   d. Э́то говори́т Йра.
5. _____ сего́дня пого́да?   ( )   e. Та́ню и Артёма.
6. _____ э́то говори́т?   ( )   f. Друзья́м.
7. _____ случи́лось?   ( )   g. Пого́да хоро́шая.
8. _____ Вы себя́ чу́вствуете?   ( )   h. С жено́й.
9. С _____ Вы пойдёте в теа́тр?   ( )   i. Потому́ что, не люблю́ суп.
10. О _____ он расска́зывал?   ( )   j. Произошла́ ава́рия.
11. _____ Вы купи́ли сувени́ры?   ( )   k. В А́нглию.
12. _____ ты ви́дел на дискоте́ке?   ( )   l. В 11 часо́в утра́.

6. Comparison

Write sentences using the adjectives given in parentheses in the comparative form as in the example.

Example: *Та́не 19 лет. Ива́ну 12 лет. (ста́рший)* _____
Та́ня ста́рше, чем Ива́н. _____

1. Антóн 190 см. Вúктор 178 см. (высóкий)

----

2. Плáтье 150 тúсяч руб. Свúтер 100 тúсяч руб. (дорогóй)

----

3. Самолёт 600км/час. Пóезд 140км/час. (быстрый)

----

4. Москвá 1147 год. Санкт-Петербýрг 1703 год. (стáрый)

----

5. Россúя +18С. Áнглия +23С. (холóдный)

----

7. Future tense

Fill in the blanks with the correct verbs in the future tense.

> **Example**: Сегóдня Джим *бýдет писáть* письмó в Россúю.
> Он *напúшет* письмó и пойдёт на пóчту. (писáть/написáть)

1. Пóсле обéда Олéг _____. Он немнóго _____ и бýдет рабóтать в садý. (отдыхáть/отдохнýть)

2. Пóсле шкóлы Ивáн _____ урóки. Когдá он _____ урóки, он пойдёт гулять. (дéлать/сдéлать)

3. В воскресéнье мы _____ футбóл по телевúзору. Мы _____ футбóл и потóм бýдем ýжинать. (смотрéть/посмотрéть)

4. Сегóдня вéчером я _____ эту кнúгу. Когдá я _____ кнúгу, я пойдý спать. (читáть/прочитáть)

8. Verbs of motion

Fill in the blanks using the correct form of the verbs given in parentheses.

1. В прóшлую суббóту мы _____ (ходúть) в кинó.

2. Когдá студéнты _____ (идти) на лéкцию, на ýлице был дождь.

3. Зáвтра вéчером Тáня _____ (пойтú) в теáтр.

4. Обúчно я _____ (приходúть) на рабóту в 9 часóв и _____ (уходúть) с рабóты в 5 часóв вéчера.

5. Вчерá мой друг _____ (уéхать) в Лóндон.

6. Эти турúсты _____ (приéхать) из Амéрики.

9. Giving advice

Read the sentences and then give advice on what to do in each situation using the words from the box.

бюро́ нахо́док   врач   зонт
мастерска́я   по́чта   расписа́ние

Example: *Идёт дождь. На́до взять зонт.* _____

1. Я потеря́ла су́мку. _____

2. Я не зна́ю во ско́лько отхо́дит по́езд. _____

3. У меня́ высо́кая температу́ра. _____

4. У меня́ слома́лись часы́. _____

5. Я хочу́ посла́ть посы́лку. _____

10. Test yourself

Translate these sentences into Russian.

1. What's the weather like today? It's raining.

_____

2. I'm bored because I don't know anybody here.

_____

3. She's got blue eyes and fair hair.

_____

4. What date is it today? Today is May 10.

_____

5. No luck! They don't have English newspapers.

_____

6. It's late. It's time to go to bed.

_____

7. I've got a headache.

_____

8. What happened? I fell over and broke my arm.

_____

9. What are you talking about? We're talking about our Russian friends.

_____

10. A.S. Pushkin was born in 1799.

_____

Answer Key

UNIT 1

1. 1. b 2. f 3. d 4. e 5. c 6. a

2. 1. свобо́дно 2. бизнесме́н 3. немно́го 4. Бо́стона
   5. краси́вый

3. 1. Что э́то? Э́то письмо́.
   2. Что э́то? Э́то ру́чка.
   3. Что э́то? Э́то окно́.
   4. Кто э́то? Э́то врач.
   5. Что э́то? Э́то кни́га.
   6. Что э́то? Э́то дом.

4. 1. оди́н 2. два 3. три 4. четы́ре 5. пять 6. шесть
   7. семь 8. во́семь 9. де́вять 10. де́сять

5. M: уро́к, ма́льчик, друг, автомоби́ль, календа́рь, геро́й
   F: ка́сса, подру́га, страна́, пе́сня, земля́, ночь, мать
   N: кино́, письмо́, ме́сто, со́лнце, пла́тье

6. 1. Где ка́сса? Вот здесь. Где метро́? Вон там.
   2. Где дом? Вот здесь. Где заво́д? Вон там.
   3. Где шко́ла? Вот здесь. Где магази́н? Вон там.

7. 1. Её зову́т Ни́на. 2. Она́ врач. 3. Ей 29 лет. 4. Она́ из
   Москвы́. 5. Да, она́ говори́т по-англи́йски.

8. Free answers.

UNIT 2

1. 1. c 2. a 3. b 4. d 5. f 6. e

2. моя́ Ва́ша моя́ её Ва́ши мой ей ему́ Вас меня́

3. 1. Э́то оте́ц. Ему́ со́рок лет.
   2. Э́то мать. Ей три́дцать во́семь лет.
   3. Э́то дочь. Ей девятна́дцать лет.
   4. Э́то сын. Ему́ двена́дцать лет.
   5. Э́то ба́бушка. Ей пятьдеся́т де́вять лет.
   6. Э́то де́душка. Ему́ шестьдеся́т оди́н год.

4. семья́, роди́тели, оте́ц, мать, ба́бушка, де́душка, сестра́,
   тётя, дя́дя

5. 1. семья́ 2. жены́ 3. ма́тери 4. му́жа 5. брат 6. дете́й
   7. дочь

6. 1. ю 2. ешь 3. ет 4. ет 5. ем 6. ете 7. ют

7. в шко́ле, в теа́тре, в магази́не, в па́рке, в ко́мнате, в
   библиоте́ке
   на заво́де, на стадио́не, на по́чте, на у́лице, на рабо́те,
   на вокза́ле

8. 1. Нет, э́то не так. Он его́ друг.
   2. Нет, э́то не так. Воло́дя рабо́тает в фи́рме «Де́льта».
   3. Да, э́то так. Ира домохозя́йка.
   4. Нет, э́то не так. В семье́ две де́вочки и ма́льчик.
   5. Да, э́то так. Э́то хоро́шая и дру́жная семья́.

9. Free answers.

UNIT 3

1. 1. c 2. d 3. f 4. e 5. a 6. b 7. g

2. но́вая, хоро́шая, больша́я, обы́чная, све́тлая, высо́кий,
   удо́бная, ру́сский

3. балко́н, буфе́т, дива́н, ла́мпа, окно́, стол, стул,
   телеви́зор

4. 1. ва́нная 2. нож 3. крова́ть 4. стол 5. душ

5. 1. лифт 2. телефо́на 3. телеви́зора 4. маши́ны
   5. ве́шалка 6. мы́ла

6.

Masculine	Feminine	Neuter
стол-столы́	ла́мпа-ла́мпы	окно́-о́кна
шкаф-шкафы́	ма́ма-ма́мы	письмо́-пи́сьма
телеви́зор-телеви́зоры	карти́на-карти́ны	
словáрь-словари́	ня́ня-ня́ни	мо́ре-моря́
календа́рь-календари́	земля́-зе́мли	пла́тье-пла́тья
автомоби́ль-автомоби́ли	пе́сня-пе́сни	
ма́льчик-ма́льчики	кни́га-кни́ги	
стари́к-старики́	де́вочка-де́вочки	
утю́г-утюги́		
нож-ножи́	дверь-две́ри	
каранда́ш-карандаши́	ночь-но́чи	
плащ-плащи́		
мяч-мячи́		
орех-оре́хи		

7. 1. лежи́т 2. стои́т 3. виси́т 4. стоя́т 5. вися́т 6. лежа́т

8. 1. Она́ живёт в кварти́ре в Москве́.
   2. Ко́мната небольша́я, но све́тлая и удо́бная.
   3. У стены́ стои́т крова́ть.
   4. На полу́ лежи́т ковёр.
   5. Ме́жду шка́фом и окно́м стои́т пиани́но.
   6. Её люби́мые копози́торы Чайко́вский и Мо́царт.

9. 1. Э́то но́вая кварти́ра? 2. У Вас есть лифт? 3. У Вас
   есть гара́ж? 4. Метро́ далеко́?

UNIT 4

1. 1. c 2. d 3. a 4. b 5. f 6. e

2. 1. Нет, э́то не так. Гости́ница «Ко́смос» далеко́.
   2. Да, э́то так.
   3. Нет, э́то не так. Джим не зна́ет, где метро́.
   4. Да, э́то так.
   5. Нет, э́то не так. У Джи́ма есть план.

3. 1. в ка́ссе 2. в кинотеа́тре 3. на по́чте 4. в шко́ле
   5. в музе́е 6. на доро́ге

4. 1. Врач идёт в поликли́нику.
   2. Рабо́чий идёт на заво́д.
   3. Инжене́р идёт в институ́т.

4. Тракторист е́дет на фе́рму.
5. Кло́ун е́дет в цирк.

5. 1. Бо́стоне 2. библио́теку 3. рабо́ту 4. магази́н
5. фи́рме 6. па́рке

6. 1. Куда́ 2. Где 3. Где 4. Куда 5. Куда́ 6. Где

7. 1. бассе́йн 2. спортза́л 3. телефо́ны 4. кафе́
5. библиоте́ка 6. магази́н «Берёзка» 7. дива́ны, кре́сла, столы́ 8. туале́т 9. рестора́н

8. 1. Я е́ду на велосипе́де в Университе́т.
2. Оте́ц е́дет на маши́не в о́фис.
3. Мать е́дет на авто́бусе в поликли́нику.
4. Брат идёт пешко́м в шко́лу.
5. Ба́бушка идёт пешко́м в магази́н.
6. Де́душка е́дет на велосипе́де в клуб.

UNIT 5

1. 1. a 2. f 3. e 4. c 5. d 6. g 7. b

2. пожива́ете де́лаете отдыха́ем де́лают гуля́ют чита́ет рабо́таешь рабо́таю приходи́те

3. 1. Оте́ц чита́ет газе́ту.
2. Мать пи́шет письмо́.
3. Ива́н смо́трит телеви́зор.
4. Ба́бушка спит в кре́сле.
5. Де́душка и сосе́д игра́ют в ша́хматы.

4. 2. полседьмо́го утра́ 4. без че́тверти семь 5. в семь часо́в 3. че́тверть девя́того 10. де́сять мину́т деся́того 1. че́тверть второ́го 7. без десяти́ шесть 12. в шесть часо́в ве́чера 9. в семь часо́в 11. без двадцати́ во́семь 6. пять мину́т деся́того 8. полоди́ннадцатого

5. 1. идёшь, иду́ 2. идёшь, иду́, хо́дишь, хожу́, ходи́ть 3. идёте, иду́, хо́дите,

6. 1. Как 2. Ско́лько 3. Где 4. Когда́ 5. Что 6. Куда́ 7. Кака́я

7. за в на от на у с по́сле над в по в у

8. Free answers.

UNIT 6

1. большо́й–ма́ленький высо́кий–ни́зкий хоро́ший–плохо́й то́лстый–то́нкий ста́рый–молодо́й откры́тый–закры́тый коро́ткий–дли́нный

2. 1. Да, э́то так.
2. Нет, э́то не так. Ей нра́вятся рома́ны Достое́вского.
3. Да, э́то так.
4. Да, э́то так.
5. Нет, э́то не так. Она́ не о́чень лю́бит Москву́.

3. 1. Оле́г Никола́евич лю́бит пла́вать.
2. Ива́н лю́бит игра́ть в футбо́л.
3. Вади́м лю́бит игра́ть в ша́хматы.
4. Лари́са Па́вловна лю́бит чита́ть.
5. Та́ня лю́бит петь.
6. Све́та лю́бит танцева́ть.

4. 1. Артём лю́бит пи́во, он не лю́бит шампа́нское.
2. Лари́са лю́бит чай, она́ не лю́бит ко́фе.
3. Ива́н лю́бит моро́женое, он не лю́бит молоко́.

4. Тама́ра лю́бит ры́бу, она́ не лю́бит мя́со.
5. Никола́й лю́бит во́дку, он не лю́бит моро́женое.

5. 1. Мне 2. Тебе́ 3. Ему́ 4. Ей 5. Нам 6. Вам 7. Им
Free answers.

6. Free answers.

7. полити́ческий, экономи́ческий, культу́рный, большо́е, шу́мный, родно́й, широ́кие, зелёные, свобо́дное, кра́сные, дорога́я, до́брое.

8. Free answers.

UNIT 7

1. 1. с зелёная трава́ 2. g жёлтый лимо́н 3. a бе́лый снег
4. b чёрный у́голь 5. d голубо́е не́бо
6. e кра́сный помидо́р 7f се́рый слон

2. 1. На́до купи́ть пода́рок ма́ме.
2. Ма́ма лю́бит све́тлые тона́.
3. Потому́, что там о́чень до́рого.
4. Она́ хо́чет купи́ть голубу́ю и́ли бе́лую блу́зку.
5. Во́семьдесят ты́сяч рубле́й.

3. 1. пла́тье 2. пальто́ 3. костю́м 4. брю́ки 5. руба́шка
6. ку́ртка 7. ту́фли 8. ша́пка 9. сви́тер 10. шарф

4. 1. две́сти пятьдеся́т рубле́й 2. пятьсо́т рубле́й 3. две ты́сячи рубле́й 4. двена́дцать ты́сяч рубле́й 5. два́дцать три ты́сячи рубле́й 6. се́мьдесят одна́ ты́сяча рубле́й 7. сто три́дцать четы́ре ты́сячи рубле́й 8. три́ста пятьдеся́т шесть ты́сяч рубле́й 9. четы́реста девяно́сто ты́сяч рубле́й 10. оди́н миллио́н рубле́й

5. Suggested answers:
1. Како́е э́то пла́тье? Э́то вече́рнее пла́тье.
2. Како́е э́то пальто́? Э́то зи́мнее пальто́.
3. Како́й э́то костю́м? Э́то шерстяно́й костю́м.
4. Каки́е э́то брю́ки? Э́то мо́дные брю́ки.
5. Каки́е э́то ту́фли? Э́то ле́тние ту́фли.
6. Како́й э́то шарф? Э́то шёлковый шарф.
7. Кака́я э́то су́мка? Э́то ко́жаная су́мка.

6. 1. Кому́ он купи́л деревя́нную ло́жку? Па́пе.
2. Кому́ он купи́л матрёшку? Сестре́.
3. Кому́ он купи́л компа́кт-диск? Бра́ту.
4. Кому́ он купи́л кни́гу? Дру́гу.

7. 1. Фи́рма называ́ется «Гра́ни».
2. Она́ нахо́дится в Москве́.
3. Да, фи́рма реализу́ет и́мпортные това́ры.
4. О́бувь, костю́мы, ку́ртки, парфюме́рию.
5. Специали́сты по торго́во-комме́рческой де́ятельности.

8. 1. У вас есть матрёшки? 2. Ско́лько сто́ит самова́р?
3. Како́го цве́та пла́тье? 4. Како́й у Вас разме́р?
5. Куда́ плати́ть?

UNIT 8

1. 1. f 2. g 3. b 4. e 5. c 6. a 7. d

2. провёл ходи́л рабо́тал де́лал звони́л (не) было ходи́л встре́тил ви́дел танцева́ли смея́лись бы́ло был пригласи́ли е́здили провели́ де́лал был ходи́л смотре́л писа́л позвони́л гуля́ли

3. 1. футбо́л 2. маши́не 3. носки́ 4. письмо́ 5. газе́ту
6. музе́й 7. те́ннис Center column: бассе́йн.

4. 1. У него́ был велосипе́д. 2. У нас бы́ли друзья́.
   3. У неё бы́ло письмо́. 4. У Вас была́ да́ча? 5. У них
   бы́ли де́ти. 6. У тебя́ был биле́т?

5. 1. бы́ли, бы́ли 2. был, был 3. ходи́л, ходи́л 4. ходи́ла,
   ходи́ла

6. 1. Я встре́тил дру́га.
   2. Он хорошо́ зна́ет бра́та.
   3. Учи́тель спра́шивает студе́нта.
   4. Я жду подру́гу.
   5. Она́ давно́ не ви́дела сестру́.

7. основа́л на́чал помога́л откры́ли подари́л

8. Free answers.

UNIT 9

1. 1. e 2. d 3. b 4. f 5. a 6. c

2. пое́дем посмо́трим бу́дем загора́ть бу́дем купа́ться
   бу́дем жить бу́дем встава́ть бу́дем бе́гать бу́дем
   обе́дать бу́ду гото́вить бу́дешь помога́ть бу́дем
   де́лать бу́дем гуля́ть бу́дем танцева́ть бу́дет

3. 1. авто́бус 2. парохо́д 3 автомоби́ль 4. по́езд
   5. самолёт

4. 1. бу́дет 2. бу́дете 3. бу́дет 4. бу́дешь 5. бу́дем
   6. бу́дут   Free answers.

5. | Present | Future |
   | --- | --- |
   | я иду́ | я пойду́ |
   | он идёт | он пойдёт |
   | Вы идёте | Вы пойдёте |
   | я е́ду | я пое́ду |
   | они́ е́дут | они́ пое́дут |
   | она́ е́дет | она́ пое́дет |
   | мы е́дем | мы пое́дем |

6. 1. жено́й 2. соба́кой 3. дру́гом 4. учи́телем
   5. молоко́м 6. хле́бом

7. 1. Да, э́то так.
   2. Нет, э́то не так. Оле́г о́чень лю́бит пла́вать.
   3. Нет, э́то не так. Лари́са не бу́дет загора́ть, потому́
      что э́то вре́дно.
   4. Да, э́то так.
   5. Нет, э́то не так. Они́ пое́дут на да́чу в дере́вню.
   6. Да, э́то так.

8. 1. Анто́н пое́дет в спортла́герь с дру́гом. Там они́
      бу́дут игра́ть в те́ннис.
   2. Та́ня пое́дет на Кавка́з с Андре́ем. Там они́ бу́дут
      ходи́ть в го́ры.
   3. Ли́да пое́дет в дере́вню с сы́ном. Там они́ бу́дут
      собира́ть я́годы.
   4. Бори́с пое́дет на да́чу с жено́й. Там они́ бу́дут
      рабо́тать в саду́.
   5. Free answer.

UNIT 10

1. 1. Ры́ба 2. Молоко́ 3. Бу́лочная 4. О́вощи и фру́кты
   5. Конди́терская 6. Цветы́

2. 1. Да, э́то так.
   2. Нет, э́то не так. Рестора́н закры́т.
   3. Нет, э́то не так. В кафе́ хорошо́ гото́вят и не так
      до́рого.

4. Нет, э́то не так. Ната́ша не хо́чет борщ.
   5. Да, э́то так.
   6. Нет, э́то не так. Они́ бу́дут пить минера́льную во́ду.

3. буха́нка хле́ба ба́нка варе́нья 1 литр молока́ пли́тка
   шокола́да 250 гр. ма́сла буты́лка вина́ 1 буты́лка
   лимона́да 2 кг. карто́шки 1 па́чка чая 1 кг. капу́сты
   200 гр. сы́ра полкило́ морко́ви

4. коро́бка конфе́т па́чка чая буха́нка хле́ба литр
   минера́льной воды́ буты́лка вина́ ба́нка мёда

5. 1. оди́н две 2. одна́ одна́ 3. две два 4. одна́ одна́
   оди́н 5. оди́н два 6. оди́н две две

6. 1. литр молока́ 2. пли́тка шокола́да 3. буты́лка воды́
   4. па́чка ма́сла 5. ба́нка варе́нья 6. ба́нка ры́бы
   7. килогра́мм мя́са 8. полкило́ сы́ра 9. буха́нка хле́ба
   10. па́чка пече́нья

7. 1. Э́то акционе́рное о́бщество.
   2. Апельси́ны и лимо́ны.
   3. Респу́блика Молдо́ва.
   4. Пови́дло, джéмы, тома́ты и други́е консе́рвы.
   5. Ги́бкие усло́вия.
   6. Железнодоро́жный и автотра́нспорт.

8. Лари́са: на за́втрак ест ка́шу и пьёт чай. На обе́д она́
   ест сала́т овощно́й, омле́т и пьёт сок. На у́жин она́ ест
   пиро́г с гриба́ми и пьёт чай.
   Та́ня на за́втрак ест бутербро́д с сы́ром и пьёт ко́фе.
   На обе́д она́ ест пи́ццу, я́блоко и пьёт сок. На у́жин она́
   ест пиро́г с гриба́ми и пьёт ко́фе.
   Ива́н: на за́втрак он ест яи́чницу, бутербро́д с колбасо́й
   и пьёт ко́фе. На обе́д он ест га́мбургер, чи́псы и пьёт
   ко́фе. На у́жин он ест ры́бу с карто́шкой и пьёт чай с
   пече́ньем.

UNIT 11

1. 1. e 2. i 3. b 4. f 5. a 6. d 7. h 8. c 9. g

2. 1. Оле́г – ма́стер спо́рта по пла́ванию.
   2. Когда́ он был ещё студе́нтом.
   3. Она́ увлека́ется гимна́стикой.
   4. Он хо́чет стать футболи́стом.
   5. Он до́лжен идти́ в бассе́йн.
   6. Джим запи́шет матч на видеомагнитофо́н.

3. бокс борьба́ волейбо́л гимна́стика коньки́ лы́жи
   пла́вание футбо́л хокке́й ша́хматы

4. 1. спортсме́ном 2. спо́ртом 3. медсестро́й
   4. футболи́стом 5. чемпио́нкой 6. гимна́стикой

5. 1. мо́жет 2. мо́жете 3. мо́жет 4. могу́ 5. мо́жешь
   6. мо́жем

6. 1. у́читесь, учу́сь 2. занима́ется, занима́ется
   3. улыба́ешься, улыба́юсь 4. начина́ется, конча́ется

7. 1. Ско́ро турни́р «Изве́стий».
   2. Соста́в игроко́в меня́ется ча́сто. Ещё есть
      фина́нсовые тру́дности.
   3. Кома́нда гото́вится усе́рдно.
   4. Помо́чь игрока́м прояви́ть себя́.
   5. Гото́виться к чемпиона́ту ми́ра.

8. 1. Лари́са ката́ется на лы́жах.
   2. Ива́н увлека́ется футбо́лом.
   3. Андре́й интересу́ется те́ннисом.
   4. Ни́на у́чится ката́ться на конька́х.
   5. Артём ката́ется на велосипе́де.
      Other variants are possible.

UNIT 12

1. 1. i 2. e 3. k 4. j 5. b 6. d 7. c 8. f 9. a 10. h 11. g

2. 1. a 2. b 3. a 4. c 5. a 6. b

3. 1. Это ру́сский сувени́р.
   2. Это интере́сная газе́та.
   3. Это но́вое пальто́.
   4. Это англи́йские студе́нты.
   5. Ма́ленький ма́льчик идёт в шко́лу.
   6. У нас больша́я кварти́ра.
   7. Ма́ленькие де́ти игра́ют в па́рке.

4. 1. там 2. У меня́ нет 3. ма́ленький 4. бли́зко
   5. ме́дленно 6. отдыха́ть 7. пло́хо 8. ма́ло 9. закры́то
   10. чёрный 11. нельзя́ 12. ве́чером 13. за́втра
   14. до свида́ния

5. 1. бе́лый хлеб сто́ит шестьсо́т рубле́й.
   2. Буты́лка пе́пси сто́ит ты́сяча пятьсо́т рубле́й.
   3. Пли́тка шокола́да сто́ит три ты́сячи рубле́й.
   4. Ту́фли стоя́т се́мьдесят ты́сяч рубле́й.
   5. Сви́тер сто́ит сто два́дцать пять ты́сяч рубле́й.
   6. Компью́тер сто́ит оди́н миллио́н рубле́й.

6. 1. Где она́ рабо́тает?
   2. У Вас есть сестра́?
   3. Здесь мо́жно кури́ть?
   4. Ско́лько вре́мени? (Кото́рый час?)
   5. Хоти́те во́дку?
   6. Ско́лько сто́ит пла́тье?
   7. Где ты был вчера́?
   8. Куда́ вы ходи́ли в воскресе́нье?

7. 1. в апте́ке, в апте́ку 2. в кинотеа́тре, в кинотеа́тр
   3. в Москве́, в Москву́ 4. в магази́не, в магази́н

8. 1. рабо́тал 2. отдыха́ли 3. ходи́ли 4. была́ 5. изуча́ли
   6. купи́ли 7. встре́тил(а) 8. смотре́л(а) 9. был(а́)

9. 1. идёте иду́ 2. хо́дит 3. ходи́л ходи́л 4. пойду́т
   пойдём 5. е́хать 6. е́здили е́здил 7. е́дет 8. пое́дут

10. 1. Меня́ зову́т Джим. О́чень прия́тно.
    2. Отку́да Вы? Я из Аме́рики.
    3. Ско́лько сто́ит э́та кни́га?
    4. Нет, спаси́бо. Я не люблю́ во́дку.
    5. Когда́ Вы пое́дете в Росси́ю?
    6. Вчера́ мы ходи́ли в теа́тр.
    7. Где ты был(а́)/Вы бы́ли вчера́? Я был(а́) до́ма.
    8. Ско́лько вре́мени? (Кото́рый час?) Сейча́с 5 часо́в.
    9. Вы не зна́ете, где гости́ница «Ко́смос»?
    10. Да́йте буты́лку молока́, пожа́луйста.
    11. Ива́н боле́ет за «Зени́т».
    12. Како́е краси́вое пла́тье! Како́й э́то разме́р?

UNIT 13

1. 1. b 2. c 3. e 4. a 5. d

2. 1. Соколо́вы пое́дут на да́чу в выходны́е дни.
   2. Сего́дня пого́да плоха́я.
   3. В суббо́ту бу́дет тепло́, да́же жа́рко. В воскресе́нье
   бу́дет гроза́.
   4. Они́ бу́дут рабо́тать в саду́. Пото́м они́ пойду́т в лес
   собира́ть грибы́.
   5. Ива́н бу́дет лови́ть ры́бу на о́зере.
   6. Они́ бу́дут ката́ться на ло́дке.
   7. Они́ хотя́т пригласи́ть Джи́ма на да́чу.

3. 1. собира́ть 2. купа́ться 3. волейбо́л 4. рюкза́к
   5. ката́ться 6. пала́тках Center column: Байка́л

4. я прочита́ю он пойдёт они́ сде́лают я напишу́ мы
   посмо́трим ты пое́дешь вы уви́дите я позвоню́ она́
   пригото́вит

5. 1. е́сли бу́дет хоро́шая пого́да 2. е́сли у него́ бу́дет
   свобо́дное вре́мя 3. е́сли у меня́ бу́дут де́ньги 4. е́сли
   они́ ку́пят биле́ты 5. е́сли бу́дет дождь 6. е́сли бу́дет
   хо́лодно.

6. 1. Како́е о́зеро Байка́л?
   2. Как вы е́хали?
   3. Кака́я приро́да на Байка́ле?
   4. Кака́я стои́т пого́да?
   5. Где живу́т студе́нты?
   6. Что студе́нты де́лают ка́ждый день?

7. ЗИМА́: Хо́лодно. Идёт снег. На у́лице моро́з. Де́ти
   ката́ются на лы́жах.
   ВЕСНА́: Не́бо голубо́е. Я́рко све́тит со́лнце. Тепло́, нет
   ве́тра. Наш сад краси́вый весно́й.
   ЛЕ́ТО: Я люблю́ ле́то. Жа́рко. На́ша семья́ отдыха́ет на
   мо́ре. Мы лю́бим купа́ться и загора́ть.
   О́СЕНЬ: Прохла́дно и сы́ро. Ча́сто идёт дождь. Ну́жно
   брать зонт. Ду́ет си́льный ве́тер. Дере́вья и поля́
   жёлтые.

UNIT 14

1. 1. d 2. c 3. f 4. e 5. a 6. b 7. g 8. h

2. 1. Да, э́то так.
   2. Нет, э́то не так. Она́ е́здила на Байка́л.
   3. Нет, э́то не так. Они́ познако́мились на Байка́ле.
   4. Нет, э́то не так. У него́ све́тлые во́лосы и больши́е
   се́рые глаза́.
   5. Нет, э́то не так. Он у́чится в политехни́ческом
   институ́те.
   6. Да, э́то так.

3. 1. нос 2. рот 3. подборо́док 4. во́лосы 5. глаз 6. у́хо
   7. зу́бы 8. ше́я

4. 1. ста́рше 2. мла́дше 3. вы́ше 4. доро́же 5. быстре́е
   6. холодне́е 7. краси́вее

5. 1. са́мая гла́вная 2. са́мый большо́й 3. са́мая высо́кая
   4. са́мый изве́стный 5. са́мый люби́мый 6. са́мая
   ста́ршая

6. | **Present** | **Past** |
   | --- | --- |
   | она́ купа́ется | Вы занима́лись |
   | они́ ката́ются | мы встреча́лись (встре́тились) |
   | я улыба́юсь | ты увлека́лся (увлека́лась) |

7. самолёт мужчи́на во́лосы глаза́ очки́ костю́м
   портфе́ль газе́та такси́

8. 1. Та́ня вы́ше, чем И́ра.
   2. Анто́н са́мый высо́кий.
   3. Анто́н са́мый то́лстый.
   4. Та́ня мла́дше, чем Анто́н.
   5. У Анто́на се́рые глаза́.
   6. У И́ры тёмные коро́ткие во́лосы.
   7. У Та́ни дли́нные во́лосы и зелёные глаза́.

UNIT 15

1. 1. f 2. g 3. b 4. h 5. a 6. d 7. e 8. c

2. набра́ли попа́л был забы́л обсужда́ли был
   вспо́мнил подгото́вил подсчита́л позвони́л написа́л

3. январь февраль март апрель май июнь июль август сентябрь октябрь ноябрь декабрь

4. 1. Он делает проект. Он сделал проект.
   2. Она пишет письмо. Она написала письмо.
   3. Он фотографирует собаку. Он сфотографировал собаку.

5. 1. покупаю, купил 2. делал, сделал 3. написал, пишет 4. взяла, берёт 5. кладёт, положил 6. получила, получает

6. Free answers.

7. Во вторник Олег позвонил в аэропорт и узнал рейс самолёта.
   В среду Олег встретил господина Сабатини в аэропорту.
   В четверг Олег не был на совещании.
   В пятницу Олег написал письмо в банк.
   В субботу Олег не отправил факс в Киев.

UNIT 16

1. 1. e 2. h 3. g 4. b 5. c 6. d 7. a 8. f

2. билет номер проданы командировку сколько прибывает купе устал отдохнуть отправляется расписание

3. справочное каникулы платформы лететь пешком поезд расписание гостиница проводник командировку билета
   Central column: путешествие

4. первый урок вторая попытка третий поезд четвёртое января пятый вагон шестая остановка седьмая платформа восьмое место девятое мая десятая страница

5. В 11 часов встреча в директорами гостиниц.
   В 12.30. обед с коллегами.
   С 14.00. до 18.00. работа над предложениями к проекту договора.
   В 19 часов разговор по телефону с женой и детьми.
   В 20 часов ужин в ресторане «Садко» с друзьями.

6. 1. надёжно, быстро и удобно
   2. деловой поездки, туризма и транзита через Россию
   3. комфорт, хорошее обслуживание, традиционное гостеприимство
   4. на удобный для Вас поезд. в удобное для Вас время

7. 1. Дайте, пожалуйста, два билета до Москвы.
   2. Во сколько (когда) прибывает самолёт из Лондона?
   3. Где остановка такси?
   4. С какой платформы отправляется поезд № 5?
   5. Где расписание?
   6. Во сколько (когда) прибывает поезд в Киев?

UNIT 17

1. 1. d 2. e 3. f 4. g 5. a 6. h 7. c 8. b

2. 1. Джим хочет послать факс.
   2. Он хочет послать срочную телеграмму.
   3. Нужно заполнить бланк.
   4. Десять местных конвертов и семь за границу.
   5. Окошко «Бандероли и посылки».
   6. Сначала страна, потом город, улица, дом, квартира и потом фамилия и имя.

3. 1. Почтальон несёт письма, газеты и журналы.
   2. Мальчик идёт на почту.
   3. Девочка опускает письмо в почтовый ящик.
   4. Девочка пишет письмо.
   5. Девочка получила письмо.
   6. Мужчина посылает факс.

4. 1. У Вас есть международные конверты? Нет, сегодня у нас нет международных конвертов.
   2. У Вас есть книги об Эрмитаже? Нет, сегодня у нас нет книг об Эрмитаже.
   3. У Вас есть русские плакаты? Нет, сегодня у нас нет русских плакатов.
   4. У Вас есть билеты в Большой театр? Нет, сегодня у нас нет билетов в Большой театр.
   5. У Вас есть свободные места в ресторане? Нет, сегодня у нас нет свободных мест в ресторане.
   6. У Вас есть марки за границу? Нет, сегодня у нас нет марок за границу.

5.

Present	Future
он говорит	они отдохнут
она покупает	Вы получите
мы приходим	он расскажет
я спрашиваю	

6. 1. Когда он ещё был ребёнком.
   2. Его отец подарил ему первые марки.
   3. «Транспорт», «Спорт», «Известные люди», «Памятные даты» и другие.
   4. Его друзья привозили ему марки.
   5. Он узнаёт новости филателии.

7. Suggested answer:
   Индекс 115489. г. Москва. Сиреневый бульвар. Дом 202, кор. 3, кв. 161. Соколовой Ларисе Павловне. Встречайте. Приезжаю завтра в 7.15 утра. Поезд №3, вагон №5. Много багажа. Возьмите такси. Олег.

UNIT 18

1. 1. e 2. g 3. b 4. f 5. c 6. a 7. d

2. Вам нельзя работать. Нужно лежать в постели и принимать лекарства. Принимайте таблетки 3 раза в день. Больше пейте чай и соки. В комнате должен быть свежий воздух.

3. 1. a рука 2. e нога 3. i грудь 4. h шея 5. f палец 6. b локоть 7. d колено 8. c живот 9. g голова

4. 1. к. 2. в, за. 3. по. 4. через. 5. из. 6. с. 7. на.

5. 1. купи(те). 2. возьми(те). 3. принимай(те). 4. надень(те). 5. говори(те). 6. выключи(те).

6. 1. занят, занята, заняты. 2. больна, болен, больны. 3. рады, рад, рада. 4. готовы, готов(а), готова.

7. 1. Нет, это не так. У Лены большая проблема.
   2. Нет, это не так. Она очень любит сладкое.
   3. Да, это так.
   4. Нет, это не так. У неё нет друзей.
   5. Да, это так.
   6. Да, это так.
   7. Нет, это не так. Ей нужно ходить в спортзал.

8. Есть фрукты, делать зарядку, пить сок, плавать в бассейне, ходить пешком, заниматься спортом, ездить на велосипеде.

UNIT 19

1. 1. c 2. f 3. b 4. a 5. d 6. e

2. 1. Сегóдня ýтром, в автóбусе №187.
   2. Нýжно позвонúть в Бюрó нахóдок.
   3. Крáсная космстúчка, очкú, сúняя рýчка, пáпка с деловы́ми бумáгами.
   4. Сейчáс.
   5. "You look awful." "Every cloud has a silver lining." (Literally: "No bad without good.")

3. 1. очкú 2. кошелёк 3. бумáжник 4. фотоаппарáт
   5. ýдочку 6. часы́ 7. зóнтик Central column: чемодáн

4. 1. Чáшка разбúлась. 2. Разбúли окнó. 3. Произошлá авáрия. 4. Велосипéд сломáлся. 5. Он упáл. 6. Он ушúб пáлец. 7. Он сломáл нóгу.

5. 1. Чей э́то зóнтик? Э́то зóнтик мáтери.
   2. Чьё э́то крéсло? Э́то крéсло отцá.
   3. Чьи э́то очкú? Э́то очкú дéдушки.
   4. Чьи э́то кнúги? Э́то кнúги студéнтов.
   5. Чьи э́то дéти? Э́то дéти сосéдей.
   6. Чьи э́то фотогрáфии? Э́то фотогрáфии друзéй.

6. 1. Вчерá нóчью.
   2. Автóбус столкнýлся с грузовикóм.
   3. Три человéка погúбли и дéсять получúли серьёзные ранéния.
   4. ГАИ и «Скóрая пóмощь».
   5. Скóльская пóсле дождя́ дорóга и привышéние скóрости.

7. 1. вы́звать ГАИ и «Скóрую пóмощь».
   2. пойтú в медпýнкт.
   3. обратúться в милúцию.
   4. позвонúть по телефóну 01.
   5. отдáть в ремóнт.

UNIT 20

1. 1. c 2. g 3. d 4. h 5. f 6. b 7. e 8. a

2. 1. Нет, э́то не так. Тáня свобóдна.
   2. Да, э́то так.
   3. Да, э́то так.
   4. Нет, э́то не так. Онú поéдут во Дворéц Спóрта на музыкáльное шóу.
   5. Нет, э́то не так. Тáня купúла билéты.

3. 1. Марúинский теáтр. 2. Он нахóдится в Санкт-Петербýрге. 3. Бельэтáж. 4. Лéвая сторонá. 5. Лóжа №19. 6. Мéсто №6. 7. На вéчер. 8. Билéт стóит сóрок ты́сяч (40 000) рублéй.

4. 1. идёт 2. достáть 3. понрáвилась 4. предпочитáете 5. игрáет 6. аплодúровали

5. 1. понрáвился 2. понрáвилась 3. понрáвились 4. понрáвилось 5. понрáвились

6. 1. онá бы пошлá в теáтр 2. он бы купúл билéты 3. мы бы не опáздали 4. я бы написáл(а) Вам письмó

7. 1. Кóнкурс пéсни Евровúдения.
   2. Да. Россúя впервы́е принимáет учáстие в кóнкурсе.
   3. Úменно пóсле э́того кóнкурса весь мир узнáл úмя «АББА».
   4. Нýжно бы́ло изучúть стрóгие прáвила кóнкурса. Профессионáльно провестú отбóрочный тур. Врéмени бы́ло мáло.
   5. Потомý что онá талáнтливая и неординáрная певúца.

8. 1. Вы лю́бите теáтр?
   2. Вы чáсто хóдите в теáтр?
   3. Какýю мýзыку Вы предпочитáете?
   4. Где вы бы́ли вчерá?
   5. Вам понрáвился концéрт?
   6. Где бы́ли вáши местá?

UNIT 21

1. 1. e 2. d 3. c 4. a 5. f 6. b

2. 1. Потомý что сегóдня мнóго дел.
   2. Международный жéнский день.
   3. Обязáтельно нýжно купúть цветы́.
   4. Бáбушке – корóбку конфéт, мáме – её любúмые духú, Тáне – тéннисную ракéтку.
   5. Восьмóго Мáрта мужчúны должны́ дéлать все домáшние делá.
   6. Нет, емý не нрáвится прáздник 8-ое Мáрта.

3. 1. Он готóвит салáт. 2. Он мóет посýду. 3. Онá стирáет бельё. 4. Онá чúнит утю́г. 5. Онá глáдит бельё. 6. Он убирáет кóмнату.

4. блю́до вúлка кастрю́ля кофéйник крýжка лóжка нож сковородá стакáн тарéлка чáйник чáшка

5. 1. Джим хóчет послáть две откры́тки родúтелям в Бóстон.
   2. Нéнси хóчет послáть пять откры́ток рóдственникам в Амéрику.
   3. Лúдия хóчет послáть однý откры́тку дéтям в Кúев.
   4. Вы хотúте послáть семь откры́ток друзья́м во Фрáнцию.
   5. Я хочý послáть двенáдцать откры́ток студéнтам в Россúю.

6. пошлú шли зашлú вошлú подошёл вы́шел ушлú пришлú

7. Find the answers in the text.

8. Free answers.

UNIT 22

1. встречáть/провожáть, говорúть/молчáть, жить/умирáть, забывáть/вспоминáть, заболéть/попрáвиться, открывáть/закрывáть, покупáть/продавáть, посылáть/получáть, стрóить/разрушáть, теря́ть/находúть

2. 1. Да, э́то так.
   2. Нет, э́то не так. Тáне предложúли рабóту на Дáльнем Востóке.
   3. Да, э́то так.
   4. Да, э́то так.
   5. Нет, э́то не так. Недáвно Тáня встрéтила учителéй.
   6. Нет, э́то не так. Тáня пойдёт в гóсти в слéдующую суббóту.

3. 1. В ты́сяча восемьсóт четы́рнадцатом/в ты́сяча восемьсóт сóрок пéрвом.
   2. В ты́сяча восемьсóт девя́том/в ты́сяча восемьсóт пятьдеся́т втóром.
   3. В ты́сяча восемьсóт двáдцать пéрвом/в ты́сяча восемьсóт вóсемьдесят пéрвом.
   4. В ты́сяча восемьсóт двáдцать восьмóм/в ты́сяча девятьсóт деся́том.
   5. В ты́сяча восемьсóт шестидеся́том/в ты́сяча девятьсóт четвёртом.

4. 1. пло́хо 2. ме́дленно 3. бли́зко 4. ре́дко 5. ти́хо
6. внизу́ 7. наза́д 8. туда́ 9. давно́ 10. ма́ло

5. 1. у кото́рого с кото́рым о кото́ром к кото́рому
   кото́рого
   2. с кото́рой у кото́рой о кото́рой к кото́рой
   кото́рую

6. 1. Ма́ша спра́шивает приду́ ли я в го́сти.
   2. Та́ня говори́т, что она́ пое́дет на Да́льний Восто́к.
   3. Они́ сказа́ли, что в шко́ле но́вый дире́ктор.
   4. Ма́ма сказа́ла, что она́ ходи́ла в магази́н.
   5. Тури́ст спра́шивает ско́лько сто́ит матрёшка.
   6. Она́ спроси́ла, где я живу́.

7. 1. Где Вы родили́сь?
   2. Когда́ Вы зако́нчили университе́т?
   3. Вы за́мужем?
   4. Почему́ Вы хоти́те пое́хать на Да́льний Восто́к?
   5. Чем Вы занима́етесь в свобо́дное вре́мя?
   6. Вы гото́вы к тру́дностям?

8. Free answers.

UNIT 23

1. 1. f 2. g 3. a 4. e 5. h 6. d 7. b 8. c

2. 1. Нет, э́то не так. Джим уезжа́ет за́втра.
   2. Да, э́то так.
   3. Да, э́то так.
   4. Нет, э́то не так. Артём предлага́ет тост за Джи́ма.
   5. Нет, э́то не так. Артём предлага́ет
   фотографи́роваться.
   6. Да, э́то так.

3. 1. Эрмита́ж 2. кре́пость 3. па́мятник 4. собо́р
   5. дворце́ (дворе́ц) 6. кла́дбище 7. Нева́ 8. галере́я
   Central column: мемориа́л

4. прие́хал пое́хали зае́хали перее́хали дое́хали уе́хал

5. 1. по ста́рым моско́вским у́лицам 2. Ва́шим
   иностра́нным тури́стам 3. на́ших шко́льных учителе́й
   4. интере́сных музе́ев 5. с мои́ми англи́йскими
   колле́гами

6. 1. Ско́лько сто́ит эску́рсия?
   2. Во ско́лько (когда́) отправля́ется по́езд в Санкт-
   Петербу́рг?
   3. Где бу́дут жить тури́сты?
   4. Мо́жно заказа́ть но́мер на одного́?
   5. В програ́мме есть эску́рсия в Эрмита́ж?
   6. Куда́ мо́жно пойти́ ве́чером?

7. Free answers.

UNIT 24

1. 1. ава́рия 2. велосипе́д 3. встре́ча 4. догово́р
   5. кани́кулы 6. командиро́вка 7. кошелёк 8. лека́рство
   9. междунаро́дный 10. па́мятник 11. пода́рок
   12. расписа́ние 13. рекла́ма

2. 1. ма́ло 2. уходи́ть 3. све́тлый 4. никогда́ 5. ночь
   6. ти́хо 7. уезжа́ть 8. внизу́ 9. ра́но 10. ничего́

3. 1. никого́ 2. никуда́ 3. ничего́ 4. никому́ 5. никогда́

4. 1. со́рок четы́ре го́да 2. сто три́дцать во́семь рубле́й
   3. четы́реста пятьдеся́т челове́к 4. две ты́сячи две́сти
   пятьдеся́т шесть книг 5. пе́рвый уро́к 6. девя́тое ма́я
   7. в ты́сяча девятьсо́т со́рок пя́том году́
   8. пятна́дцатого сентября́ ты́сяча девятьсо́т семьдеся́т
   седьмо́го го́да

5. 1. Куда́ 2. Во ско́лько (когда́) 3. Почему́ 4. Ско́лько
   5. Кака́я 6. Кто 7. Что 8. Как 9. С кем 10. О чём
   11. Кому́ 12. Кого́
   1. k 2. l 3. i 4. a 5. g 6. d 7. j 8. b 9. h 10. c 11. f 12. e

6. 1. Артём вы́ше, чем Ви́ктор.
   2. Пла́тье доро́же, чем сви́тер.
   3. Самолёт быстре́е, чем по́езд.
   4. Москва́ старе́е, чем Санкт-Петербу́рг.
   5. Росси́я холодне́е, чем А́нглия.

7. 1. бу́дет отдыха́ть, отдохнёт 2. бу́дет де́лать, сде́лает
   3. бу́дем смотре́ть, посмо́трим 4. бу́ду чита́ть,
   прочита́ю

8. 1. ходи́ли 2. шли 3. пойдёт 4. прихожу́ ухожу́
   5. уе́хал 6. прие́хали

9. 1. На́до (ну́жно) позвони́ть в (ог: идти́ на) бюро́
   нахо́док.
   2. На́до (ну́жно) посмотре́ть расписа́ние.
   3. На́до (ну́жно) вы́звать врача́.
   4. На́до (ну́жно) отда́ть их в мастерску́ю.
   5. На́до (ну́жно) идти́ на по́чту.

10. 1. Кака́я пого́да сего́дня? Идёт дождь.
    2. Мне ску́чно, потому́ что я никого́ не зна́ю здесь.
    3. У неё голубы́е глаза́ и све́тлые во́лосы.
    4. Како́е сего́дня число́? Сего́дня деся́тое ма́я.
    5. Не везёт! У них нет англи́йских газе́т.
    6. По́здно. Пора́ ложи́ться спать!
    7. У меня́ боли́т голова́.
    8. Что случи́лось? Я упа́л(а) и слома́л(а) ру́ку.
    9. О ком вы говори́те? Мы говори́м о на́ших ру́сских
    друзья́х.
    10. А С Пу́шкин роди́лся в ты́сяча семьсо́т девяно́сто
    девя́том году́.

Reference Section

THE RUSSIAN ALPHABET

PRINTED					
А а	Б б	В в	Г г	Д д	Е е
Ё ё	Ж ж	З з	И и	Й й	К к
Л л	М м	Н н	О о	П п	Р р
С с	Т т	У у	Ф ф	Х х	Ц ц
Ч ч	Ш ш	Щ щ	Ъ ъ	Ы ы	Ь ь
Э э	Ю ю	Я я			

HANDWRITTEN					
А а	*Б б*	*В в*	*Г г*	*Д д*	*Е е*
Ё ё	*Ж ж*	*З з*	*И и*	*Й й*	*К к*
Л л	*М м*	*Н н*	*О о*	*П п*	*Р р*
С с	*Т т*	*У у*	*Ф ф*	*Х х*	*Ц ц*
Ч ч	*Ш ш*	*Щ щ*	*Ъ ъ*	*Ы ы*	*Ь ь*
Э э	*Ю ю*	*Я я*			

VERBS

PRESENT TENSE

First Conjugation

The first conjugation includes verbs whose infinitive ends in -ать -ять -еть -овать -нуть.
The endings: -. (-у), -ешь, -ет, -ете, -ют (-ут).

	читÁть	гулЯ́ть	болÉть	рисОВÁть	отдохНÚ́ть
я	читáЮ	гуля́Ю	болéЮ	рисýЮ	отдыхáЮ
ты	читáЕШЬ	гуля́ЕШЬ	болéЕШЬ	рисýЕШЬ	отдыхáЕШЬ
он/онá/онó	читáЕТ	гуля́ЕТ	болéЕТ	рисýЕТ	отдыхáЕТ
мы	читáЕМ	гуля́ЕМ	болéЕМ	рисýЕМ	отдыхáЕМ
вы	читáЕТЕ	гуля́ЕТЕ	болéЕТЕ	рисýЕТЕ	отдыхáЕТЕ
онú	читáЮТ	гуля́ЮТ	болéЮТ	рисýЮТ	отдыхáЮТ

Second Conjugation

The second conjugation includes only verbs whose infinitive ends in -ить.
The endings: -. (-у) ишь -ит -им -ите -ят (-ат)

	говорИ́ть	учИ́ть	любИ́ть	ходИ́ть
я	говорЮ́	учÚ́	люблЮ́	хожÚ́
ты	говорИ́ШЬ	ýчИШЬ	лю́бИШЬ	хóдИШЬ
он/онá/онó	говорИ́Т	ýчИТ	лю́бИТ	хóдИТ
мы	говорИ́М	ýчИМ	лю́бИМ	хóдИМ
вы	говорИ́ТЕ	ýчИТЕ	лю́бИТЕ	хóдИТЕ
онú	говорЯ́Т	ýчАТ	лю́бЯТ	хóдЯТ

PAST TENSE

The past tense forms of all verbs are derived from the infinitive by dropping the ending -ть and adding the endings -л (masculine), -ла (feminine), -ло (neuter) and -ли- (plural).

	FIRST CONJUGATION	SECOND CONJUGATION
Masc. sing.	читáЛ	говориЛ
Fem. sing.	читáЛА	говори́ЛА
Neut. sing.	читáЛО	говори́ЛО
Plural	читáЛИ	говори́ЛИ

FUTURE TENSE

There are two forms of the future tense in Russian:

The **compound future** is derived from the imperfective form of the verb. It implies that the action will happen or will be repeated.

The **simple future** is derived from the perfective form of the verb. It implies that the action will be completed in the future and will have an end result.

First conjugation

	COMPOUND FUTURE	SIMPLE FUTURE
я	бу́ду писа́ть	напишу́
ты	бу́дешь писа́ть	напи́шешь
он/она́/оно́	бу́дет писа́ть	напи́шет
мы	бу́дем писа́ть	напи́шем
вы	бу́дете писа́ть	напи́шете
они́	бу́дут писа́ть	напи́шут

Second conjugation

	COMPOUND FUTURE	SIMPLE FUTURE
я	бу́ду говори́ть	поговорю́
ты	бу́дешь говори́ть	поговори́шь
он/она́/оно́	бу́дет говори́ть	поговори́т
мы	бу́дем говори́ть	мы поговори́м
вы	бу́дете говори́ть	вы поговори́те
они́	бу́дут говори́ть	они́ поговоря́т

REFLEXIVE VERBS

A reflexive verb in Russian corresponds to the sort of verb in English which is followed by "self" or where "self" can be understood. For example: "to dress (oneself)" = одева́ться. The only possible reflexive endings are -ся (after a consonant) and -сь (after a vowel). Reflexive verbs are conjugated according to the rules of the 1st or 2nd verb conjugations as described above.

PRESENT TENSE

занима́ться (1st conjugation)

я	занима́Юсь
ты	занима́ЕШЬся
он/она́/оно́	занима́ЕТся
мы	занима́ЕМся
вы	занима́ЕТЕсь
они́	занима́ЮТся

PAST TENSE

занима́ться (1st conjugation)

Masc. sing.	занима́Лся
Fem. sing.	занима́ЛАсь
Neut. sing.	занима́ЛОсь
Plural	занима́ЛИсь

VERBS OF MOTION

The Russian verb which means "to go on foot, to walk" has the infinitive forms ходи́ть (habitual or repeated) and идти́ (one occasion, one direction).

PRESENT TENSE

	ходи́ть	идти́
я	хожу́	иду́
ты	хо́дишь	идёшь
он/она́/оно́	хо́дит	идёт
мы	хо́дим	идём
вы	хо́дите	идёте
они́	хо́дят	иду́т

PAST TENSE

	ходи́ть	идти́
Masc. sing.	ходи́л	шёл
Fem. sing.	ходи́ла	шла
Neut. sing.	ходи́ло	шло
Plural	ходи́ли	шли

SIMPLE FUTURE TENSE

	ходи́ть	идти́
я	схожу́	пойду́
ты	схо́дишь	пойдёшь
он/она́/оно́	схо́дят	пойдёт
мы	схо́дим	пойдём
вы	схо́дите	пойдёте
они́	схо́дят	пойду́т

The verb which means "to go by transportation, to travel" has the infinitives е́здить (habitual or repeated) and е́хать (one occasion, one direction).

PRESENT TENSE

	е́здить	е́хать
я	е́зжу	е́ду
ты	е́здишь	е́дешь
он/она́/оно́	е́здит	е́дет
мы	е́здим	е́дем
вы	е́здите	е́дете
они́	е́здят	е́дут

PAST TENSE

	е́здить	е́хать
Masc. sing.	е́здил	е́хал
Fem. sing.	е́здила	е́хала
Neut. sing.	е́здило	е́хало
Plural	е́здили	е́хали

SIMPLE FUTURE TENSE

	ездить	ехать
я	съезжу	поеду
ты	съездишь	поедешь
он/она/оно	съездит	поедет
мы	съездим	поедем
вы	съездите	поедете
они	съездят	поедут

Note:

1.The compound future is formed with the verb быть in the future tense (буду, будешь, будет, будем, будете, будут) + the infinitive. The compound future is used rather rarely with the verbs of motion.

2. In the Russian language verbs of motion are often used with prefixes which give them more specific meanings. These verbs have one imperfective form, ending in -ходить and a perfective ending -йти. For example: приходить/прийти (to come), заходить/зайти (to stop by) etc.

NOUNS

MASCULINE NOUNS

Singular

	QUESTION WORDS	ENDING IN A CONSONANT		ENDING IN -й	ENDING IN -ь
Nom.	кто? что?	мальчик	стол	трамвай	портфель
Acc.	кого? чего?	мальчика	стол	трамвай	портфель
Gen.	кого? что?	мальчика	стола	трамвая	портфеля
Dat.	кому? чему?	мальчику	столу	трамваю	портфелю
Instr.	кем? чем?	мальчиком	столом	трамваем	портфелем
Prep.	о ком? о чём?	о мальчику	о столе	о трамвае	о портфеле

Note:

1. Some masculine nouns take -е or -ю in the prepositional singular:

аэропорт (airport)	в аэропорту
берег (shore, bank)	на берегу
год (year)	в году
край (edge)	на краю
лес (forest)	в лесу
мост (bridge)	на мосту
пол (floor)	на полу
порт (port)	в порту
сад (garden)	в саду
угол (corner)	в углу
шкаф (wardrobe)	в шкафу

2. Some masculine nouns ending in -а or -я (папа, дедушка, дядя etc.) decline like feminine nouns (see feminine nouns).

Plural

	QUESTION WORDS	ENDING IN A CONSONANT		ENDING IN -й	ENDING IN -ь
Nom.	кто? что?	ма́льчики	столы́	трамва́и	портфе́ли
Acc.	кого́? что?	ма́льчиков	столы́	трамва́и	портфе́ли
Gen.	кого́? чего́?	ма́льчиков	столо́в	трамва́ев	портфе́лей
Dat.	кому́? чему́?	ма́льчикам	стола́м	трамва́ям	портфе́лям
Instr.	кем? чем?	ма́льчиками	стола́ми	трамва́ями	портфе́лями
Prep.	о ком? о чём?	о ма́льчиках	о стола́х	о трамва́ях	о портфе́лях

Note:

1. Some masculine nouns have the nominative plural ending in -a or -я:

а́дрес (address)	адреса́
бе́рег (shore, bank)	берега́
ве́чер (evening, party)	вечера́
глаз (eye)	глаза́
го́лос (voice)	голоса́
го́род (town)	города́
дом (house)	дома́
лес (forest)	леса́
но́мер (number, hotel room)	номера́
о́стров (island)	острова́
па́спорт (passport)	паспорта́
по́езд (train)	поезда́
счёт (check/bill)	счета́
тон (tone, tint)	тона́
учи́тель (teacher)	учителя́
цвет (color)	цвета́

2. Irregular masculine nouns in the plural:

Singular   **Plural**

	NOM.	ACC.	GEN.	DAT.	INSTR.	PREP.
брат	бра́тья	бра́тьев	бра́тьев	бра́тьям	бра́тьями	о бра́тьях
де́рево	дере́вья	дере́вья	дере́вьев	дере́вьям	дере́вьями	о дере́вьях
друг	друзья́	друзе́й	друзе́й	друзья́м	друзья́ми	о друзья́х
сын	сыновья́	сынове́й	сынове́й	сыновья́м	сыновья́ми	о сыновья́х
ребёнок	де́ти	дете́й	дете́й	де́тям	детьми́	о де́тях
челове́к	лю́ди	люде́й	люде́й	лю́дям	людьми́	о лю́дях

3. Nouns ending in -ж -ч -ш -щ have the genitive plural ending -ей.

Example: nom. плащ – gen. плаще́й.

FEMININE NOUNS

Singular

	QUESTION WORDS	ENDING IN -а	ENDING IN -я	ENDING IN -й	ENDING IN -ь
Nom.	кто? что?	ма́ма	неде́ля	фами́лия	вещь
Acc.	кого́? что?	ма́му	неде́лю	фами́лию	вещь
Gen.	кого́? чего́?	ма́мы	неде́ли	фами́лии	ве́щи
Dat.	кому́? чему́?	ма́ме	неде́ле	фами́лии	ве́щи
Instr.	кем? чем?	ма́мой	неде́лей	фами́лией	ве́щью
Prep.	о ком? о чём?	о ма́ме	о неде́ле	о фами́лии	о ве́щи

Plural

	QUESTION WORDS	ENDING IN -а	ENDING IN -я	ENDING IN -й	ENDING IN -ь
Nom.	кто? что?	ма́мы	неде́ли	фами́лии	ве́щи
Acc.	кого́? что?	мам	неде́ли	фами́лии	ве́щи
Gen.	кого́? чего́?	мам	неде́ль	фами́лий	веще́й
Dat.	кому́? чему́?	ма́мам	неде́лям	фами́лиям	веща́м
Instr.	кем? чем?	ма́мами	неде́лями	фами́лиями	веща́ми
Prep.	о ком? о чём?	о ма́мах	о неде́лях	о фами́лиях	о веща́х

Irregular feminine nouns

	SINGULAR	PLURAL	SINGULAR	PLURAL
Nom.	дочь	до́чери	мать	ма́тери
Acc.	дочь	дочере́й	мать	матере́й
Gen.	до́чери	дочере́й	ма́тери	матере́й
Dat.	до́чери	дочеря́м	ма́тери	матеря́м
Instr.	до́черью	дочерьми́	ма́терью	матеря́ми
Prep.	о до́чери	о дочеря́х	о ма́тери	о матеря́х

NEUTER NOUNS

Singular

	QUESTION WORDS	ENDING IN -о	ENDING IN -е	ENDING IN -ие
Nom.	кто? что?	письмо́	мо́ре	зда́ние
Acc.	кого́? что?	письмо́	мо́ре	зда́ние
Gen.	кого́? чего́?	письма́	мо́ря	зда́ния
Dat.	кому́? чему́?	письму́	мо́рю	зда́нию
Instr.	кем? чем?	письмо́м	мо́рем	зда́нием
Prep.	о ком? о чём?	о письме́	о мо́ре	о зда́нии

Plural

	QUESTION WORDS	ENDING IN -о	ENDING IN -е	ENDING IN -ие
Nom.	кто? что?	пи́сьма	моря́	зда́ния
Acc.	кого́? что?	пи́сьма	моря́	зда́ния
Gen.	кого́? чего́?	пи́сем	море́й	зда́ний
Dat.	кому́? чему́?	пи́сьмам	моря́м	зда́ниям
Instr.	кем? чем?	пи́сьмами	моря́ми	зда́ниями
Prep.	о ком? о чём?	о пи́сьмах	о моря́х	о зда́ниях

Note:

1. The declension of neuter nouns ending in -мя.

	SINGULAR	PLURAL
Nom.	и́мя	имена́
Acc.	и́мя	имена́
Gen.	и́мени	имён
Dat.	и́мени	имена́м
Instr.	и́менем	имена́ми
Prep.	об и́мени	об имена́х

Note:

If a noun begins with a vowel, the preposition о is replaced with об.

ADJECTIVES

STEM-STRESSED ADJECTIVES

	QUESTION WORDS	MASCULINE	FEMININE	NEUTER	PLURAL
Nom.	какóй? какáя? какóе? какие?	нóвый	нóвая	нóвое	нóвые
Acc.	какóй? какýю? какóе? какие?	нóвый	нóвую	нóвое	нóвые
Gen.	какóго? какóй? какóго? каких?	нóвого	нóвой	нóвого	нóвых
Dat.	какóму? какóй? какóму? каким?	нóвому	нóвой	нóвому	нóвым
Instr.	каким? какóй? каким? какими?	нóвым	нóвой	нóвым	нóвыми
Prep.	о каком? о какóй? о каком? о каких?	о нóвом	о нóвой	о нóвым	о нóвых

ENDING-STRESSED ADJECTIVES

	QUESTION WORDS	MASCULINE	FEMININE	NEUTER	PLURAL
Nom.	какóй(áя, óе, ие)?	молодóй	молодáя	молодóе	молоды́е
Acc.	какóй(ýю, óе, их)?	молодóй	молодýю	молодóе	молоды́х
Gen.	какóго(ýю, óе, их)?	молодóго	молодóй	молодóго	молоды́х
Dat.	какóму(óй, óму, их)?	молодóго	молодóй	молодóго	молоды́х
Instr.	каким(óй, и́м, и́ми)?	молоды́м	молодóй	молоды́м	молоды́ми
Prep.	о каком(óй, óм, их)?	о молодóм	о молодóй	о молодóм	о молоды́х

SOFT ADJECTIVES

The vast majority of soft adjectives have a masculine singular ending in -ний. For example: си́ний (dark blue), после́дний (last) etc.

	QUESTION WORDS	MASCULINE	FEMININE	NEUTER	PLURAL
Nom.	како́й(а́я, о́е, йе)?	после́дний	после́дняя	после́днее	после́дние
Acc.	како́й(у́ю, о́е, йе)?	после́дний	после́днюю	после́днее	после́дние
Gen.	како́го(о́й, о́го, йх)?	после́днего	после́дней	после́днего	после́дних
Dat.	како́му(о́й,о́му, йм)?	после́днему	после́дней	после́днему	после́дним
Instr.	каки́м(о́й, йм, йми)?	после́дним	после́дней	после́дним	после́дними
Prep.	о како́м(о́й, о́м, йх)?	о после́днем	о после́дней	о после́днем	о после́дних

Note:

Masculine adjectives used with animate nouns in the accusative singular use the question word како́го? and the ending -ого. For example: Я встре́тил (кого́?) – но́вого студе́нта. I have met (whom?) a new student.

COMPARATIVES

Regular

There are two ways to make the comparative or the superlative degree of an adjective.

ADJECTIVE	COMPARATIVE	SUPERLATIVE
1. краси́вый	краси́вее	краси́вейший
2. краси́вый	бо́лее краси́вый	са́мый краси́вый

Note:

1. Some irregular comparative adjectives:

бога́тый (rich)	бога́че
большо́й (big)	бо́льше
бли́зкий (near)	бли́же
высо́кий (high, tall)	вы́ше
гро́мкий (loud)	гро́мче
далёкий (distant)	да́льше
дешёвый (cheap)	деше́вле
дорого́й (dear)	доро́же
коро́ткий (short)	коро́че
лёгкий (light, easy)	ле́гче
молодо́й (young)	моло́же
ма́ленький (little)	ме́ньше
ни́зкий (low)	ни́же
плохо́й (bad)	ху́же
по́здний (late)	по́зже
ра́нний (early)	ра́ньше
хоро́ший (good)	лу́чше

PRONOUNS

PERSONAL PRONOUNS

Nom.	я	ты	он/оно́	она́	мы	вы	они́
Acc.	меня́	тебя́	его́	её	нас	вас	их
Gen.	меня́	тебя́	его́	её	нас	вас	их
Dat.	мне	тебе́	ему́	ей	нам	вам	им
Instr.	мной	тобо́й	им	ей	на́ми	ва́ми	и́ми
Prep.	обо мне	о тебе́	о нём	о ней	о нас	о вас	о них

Note:

If you use a preposition in front of the pronouns его́, её, ему́, ей, им, и́ми, их, you must add the letter -н to these pronouns. For example: у него́, в неё, к нему́, с ней, к ним, с ни́ми, о них.

POSSESSIVE PRONOUNS

	MASCULINE	FEMININE	NEUTER	PLURAL
Nom.	мой	моя́	моё	мой
Acc.	моего́/мой	мою́	моё	мойх/мой
Gen.	моего́	мое́й	моё	мойх
Dat.	моему́	мое́й	моему́	мойм
Inst.	мойм	мое́й	мойм	мойми
Prep.	о моём	о мое́й	о моём	о мойх

Note:

Possessive pronouns твой, твоя́, твоё, твой and свой, своя́, своё, свой are declined as мой, моя́, моё, мой.

	MASCULINE	FEMININE	NEUTER	PLURAL
Nom.	наш	на́ша	на́ше	на́ши
Acc.	на́шего, наш на́шу	на́ше	на́ших,	на́ши
Gen.	на́шего	на́шей	на́шего	на́ших
Dat.	на́шему	на́шей	на́шему	на́шим
Instr.	на́шим	на́шей	на́шим	на́шими
Prep.	о на́шем	о на́шей	о на́шем	о на́ших

Note:

Possessive pronouns ваш, ва́ша, ва́ше, ва́ши are declined as наш, на́ша, на́ше, на́ши.

DEMONSTRATIVE PRONOUN ЭТОТ

	MASCULINE	FEMININE	NEUTER	PLURAL
Nom.	э́тот	э́та	э́то	э́ти
Acc.	э́того, э́тот	э́ту	э́то	э́тих, э́ти
Gen.	э́того	э́той	э́того	э́тих
Dat.	э́тому	э́той	э́тому	э́тим
Instr.	э́тим	э́той	э́тим	э́тими
Prep.	об э́том	об э́той	об э́том	об э́тих

DETERMINATIVE PRONOUNS

Весь

	MASCULINE	FEMININE	NEUTER	PLURAL
Nom.	весь	вся	всё	все
Acc.	всего, весь	всю	всё	всех, все
Gen.	всего	всей	всего	всех
Dat.	всему	всей	всему	всем
Instr.	всем	всей	всем	всёми
Prep.	обо всём	обо всей	обо всём	обо всех

Сам

	MASCULINE	FEMININE	NEUTER	PLURAL
Nom.	сам	сама	само	сами
Acc.	самого, сам	саму	само	самих, сами
Gen.	самого	самой	самого	самих
Dat.	самому	самой	самому	самим
Instr.	самим	самой	самим	самими
Prep.	о самом	о самой	о самом	о самих

NUMERALS

CARDINAL NUMBERS

1 один одна, одно	2 два, две	3 три	4 четыре	5 пять
6 шесть	7 семь	8 восемь	9 девять	10 десять
11 одиннадцать	12 двенадцать	13 тринадцать	14 четырнадцать	15 пятьнадцать
16 шестнадцать	17 семнадцать	18 восемнадцать	19 девятнадцать	20 двадцать
21 двадцать один	22 двадцать два	23 двадцать три	24 двадцать четыре	25 двадцать пять
26 двадцать шесть	27 двадцать семь	28 двадцать восемь	29 двадцать девять	30 тридцать
40 сорок	50 пятьдесят	60 шестьдесят	70 семьдесят	80 восемдесят
90 девяносто	100 сто	110 сто десять	125 сто двадцать пять	200 двести
300 триста	400 четыреста	500 пятьсот	600 шестьсот	700 семьсот
800 восемьсот	900 девятьсот	1000 тысяча	2000 две тысячи	3000 три тысячи
4000 четыре тысячи	5000 пять тысяч	6000 шесть тысяч	7505 семь тысяч пятьсот пять	1 000 000 миллион

ORDINAL NUMBERS

first –	первый	second –	второй	third –	третий
fourth –	четвёртый	fifth –	пятый	sixth –	шестой
seventh –	седьмой	eighth –	восьмой	ninth –	девятый
tenth –	десятый	eleventh –	одиннадцатый	twelfth –	двенадцатый

Note:

Ordinal numbers are actually adjectives, so they are declined as adjectives according to gender and number. For example: пе́рвый уро́к (first lesson), пе́рвая кни́га (first book), пе́рвое ма́я (first of May), пе́рвые цветы́ (first flowers).

PREPOSITIONS

Prepositions in the Russian language require the noun which follows them to be in a specific case. For example: Ла́мпа над (instr.) столо́м. (There's a lamp on the table).

в	+ acc.	into, to
на	+ acc.	onto, to
че́рез	+ acc.	across, through
без	+ gen.	without
для	+ gen.	for
до	+ gen.	until, as far as, before
из	+ gen.	from
от	+ gen.	from
о́коло	+ gen.	near, approximately
по́сле	+ gen.	after
про́тив	+ gen.	against, opposite
ра́ди	+ gen.	for the sake of
с	+ gen.	since, from
среди́	+ gen.	among, in the middle of
у	+ gen.	by, at the house of
к	+ dat.	towards, to the house of
по	+ dat.	along, according to
за	+ instr.	behind, beyond
ме́жду	+ instr.	between
над	+ instr.	over
пе́ред	+ instr.	in front of
под	+ instr.	under
с	+ instr.	with
в	+ prep.	in, at
на	+ prep.	on, at
о/об	+ prep.	about
при	+ prep.	at the time of, in the presence of

MONTHS

янва́рь –	January	февра́ль –	February	март –	March
апре́ль –	April	май –	May	ию́нь –	June
ию́ль –	July	а́вгуст –	August	сентя́брь –	September
октя́брь –	October	ноя́брь –	November	дека́брь –	December

Note:

In January – в январе́ (prep.)

DAYS

понеде́льник –	Monday	вто́рник –	Tuesday	среда́ –	Wednesday
четве́рг –	Thursday	пя́тница –	Friday	суббо́та –	Saturday
воскресе́нье –	Sunday				

Note:

On Monday: в понеде́льник во вто́рник в сре́ду в четве́рг в пя́тницу в суббо́ту в воскресе́нье (+ acc.)

DATES

January 1, 1995 – 1-ое января́, 1995 (пе́рвое января́ ты́сяча девятьсо́т девяно́сто пя́тый го́д)

On January 1, 1995 – 1-ого января́ 1995 (пе́рвого января́ ты́сяча девятьсо́т девяно́сто пя́того го́да)

In 1995 – в ты́сяча девятьсо́т девяно́сто пя́том году́.

TIME

Ско́лько вре́мени (Кото́рый час)? – What's the time?

час – It's 1 o'clock

2 часа́ – It's 2 o'clock

3 часа́ – It's 3 o'clock

4 часа́ – It's 4 o'clock

5 часо́в, 6 часо́в, 7 часо́в, 8 часо́в – It's 5, 6, 7, 8 o'clock

Че́тверть девя́того – It's a quarter past 8.

Два́дцать мину́т деся́того – It's twenty minutes past 9.

Полпя́того – It's half past 4.

Без десяти́ шесть – It's 10 minutes to 6.

По́лночь – It's midnight.

Glossary

After each entry in the Glossary you will find the number of the unit in which the item of vocabulary first occurs. The gender is given in parentheses for nouns ending in -ь.

А

ава́рия	accident 20
а́вгуст	August 15
Австра́лия	Australia 17
авто́бус	bus 4
автомоби́ль (m.)	car 1
автомагистра́ль (f.)	highway, motorway 19
автотра́нспорт	transportation 10
а́дрес	address 1
А́зия	Asia 17
алфави́т	alphabet 1
актёр	actor 20
акционе́рный	joint stock 10
Аме́рика	America 17
англи́йский	English 3
А́нглия	England 5
анке́та	questionnaire, form 1
апельси́н	orange 10
аплоди́ровать	to applaud 21
апре́ль (m.)	April 15
апте́ка	drugstore, pharmacy 12
а́рмия	army 22
аспири́н	aspirin 18
А́фрика	Africa 17
аэропо́рт	airport 14

Б

ба́бушка	grandmother 2
бага́ж	luggage 17
Байка́л	Lake Baikal 13
бандеро́ль (f.)	small package 17
банк	bank 15
ба́нка	jar 10
бассе́йн	swimming pool 4
ба́шня	tower 14
бе́гать/бежа́ть	to run 9
без (+gen.)	without 3
безусло́вно	absolutely, undoubtedly 18
белоку́рый	blond, fair-haired 14
бельё	linen, washing, underclothing 21
бельэта́ж	dress circle 20
бе́лый	white 7
бе́рег (pl. берега́)	bank, shore 13
беспоко́иться/ побеспоко́иться	to worry, be anxious 11
библиоте́ка	library 1
бизнесме́н	businessman 1
биле́т	ticket 4
бли́зко	near, close 4
блу́зка	blouse 3

блю́до (pl. блю́да)	dish, course 10
бога́тый	rich 22
Бо́же мой!	Good gracious! 15
бо́лен (больна́, больны́)	ill, sick 18
боле́ть/заболе́ть	to be ill; to be a fan of 11
бо́льше	more, bigger 6
большо́й	big, large, great 3
борода́	beard 14
борщ	beetroot soup 10
борьба́	fight, struggle 11
брат (pl. бра́тья)	brother 1
брать/взять	to take 13
брю́ки	pants, trousers 7
бу́дущий	future (adj.) 11
бу́лочная	bakery 10
бульва́р	boulevard 6
бума́га	paper 3
бума́жник	wallet, billfold 19
бутербро́д	sandwich 10
буты́лка	bottle 10
буфе́т	buffet, sideboard 3
буха́нка	loaf 10
бухга́лтер	accountant, bookkeeper 2
бы́стро	quickly 6
бы́стрый	fast, quick 14
быть	to be 16
бюро́ нахо́док	lost and found office 19

В

в	in, to, into, on 2
ваго́н	carriage 16
ва́жный	important 14
ва́за	vase 3
вака́нсия	vacancy 22
ва́нная	bathroom 3
варе́нье	jam 10
ваш	your 2
ведь и́менно	exactly 20
Везёт!	lucky 17
великоле́пный	splendid, magnificent 13
велосипе́д	bicycle 4
ве́рно	true, correct 19
ве́село	gaily, merrily 8
весёлый	merry, cheerful 14
весна́	spring 13
весь	all, the whole of 9
вес	weight 14
ве́тер	wind 13
ве́чер (pl. вечера́)	evening, party 8

вече́рний	evening 7
ве́чером	in the evening 8
ве́чный	eternal, everlasting 20
ве́шалка	peg, rack, stand 3
вещь (f.)	thing 1
взять (perf.)	to take 10
ви́деть/уви́деть	to see 3
ви́део(магнитофо́н)	video 11
ви́лка	fork 3
вино́	wine 1
висе́ть	to hang 3
вкус	taste 14
вку́сный	nice, tasty, good 13
вме́сте	together 2
внизу́	below, downstairs 24
во	in, to, into, on 2
в о́бщем	on the whole 8
во́время	on time 16
вода́	water 10
води́тель	driver 19
во́дка	vodka 6
возвраща́ться	to return 14
во́здух	air 13
возмо́жность (f.)	possibility, opportunity 20
во́зраст	age 14
война́	war 21
вокза́л	railway station 2
вокру́г	around 13
волейбо́л	volleyball 13
волнова́ться	to worry 17
во́лосы	hair 14
вон	there (is) 1
во-пе́рвых	firstly 18
ворча́ть, ворчи́ть	to grumble 21
во ско́лько	at what (time) 16
воскресе́нье	Sunday 5
вот	here (is) 1
впервы́е	for the first time 20
вперёд	forward(s) 22
врач	doctor 2
вре́дно	harmful 9
вре́мя (pl. времена́)	time 5
всегда́	always 11
всего́	in all, only 2
всего́ хоро́шего	all the best 2
все	all 11
всё	everything 2
вско́ре	soon, shortly 8
вспомина́ть/ вспо́мнить	to remember 15
встава́ть/встáть	to get up 5
встре́ча	meeting 16

встреча́ть/встре́тить	to meet 8
встреча́ться/ встре́титься	to meet with 5
вто́рник	Tuesday 5
вход	entrance 4
входи́ть/войти́	to come in, to enter 3
вчера́	yesterday 8
въезд	entry 19
вы	you 1
выбира́ть/вы́брать	to choose 20
вы́бор	choice 20
вы́глядеть	to look like 14
вы́годный	beneficial, profitable 15
вызыва́ть/ вы́звать	to call out, to send for 17
выключа́ть/ вы́ключить	to switch off 18
вы́расти (perf.)	to grow up 22
высо́кий	high, tall 3
выходи́ть/вы́йти	to go out, to leave 21
выходно́й день	day off 8
вяза́ть	knit 8

Г

газе́та	newspaper 5
ГАИ	traffic police 19
галере́я	gallery 8
га́мбургер	hamburger 10
гаранти́ровать	to guarantee 16
гара́ж	garage 1
где	where 1
геро́й	hero 1
ги́бкий	flexible 10
гимна́стика	gymnastics 11
гла́вный	main 8
гла́дить/погла́дить	to iron 21
глаз (pl. глаза́)	eye 4
глубоко́	deeply 15
говори́ть/сказа́ть	to say, to speak 1
год	year 3
голова́	head 14
го́лоден	hungry 17
голубо́й	light blue 4
горди́ться	to be proud of 17
го́рло	throat 18
го́род (pl. города́)	town 1
горо́шек	peas 10
господи́н (f. госпожа́)	sir
гостеприи́мство	hospitality 16
гости́ная	living room 3
гости́ница	hotel 4
гость (m.)	guest 5
госуда́рственный	state (adj.) 8
гото́в	ready 22
гото́вить/ пригото́вить	to prepare, to get ready 9
гра́дус	degree 13
гра́фик	chart, schedule 24
грибы́	mushrooms 9
гроза́	thunderstorm 13
гром	thunder 13
гро́мко	loudly 18
грудь (f.)	chest 18

грузови́к	truck 19
гуля́ть/погуля́ть	to stroll, to have time off 2

Д

да	yes 1
дава́й(те)	let's 2
дава́ть/дать	to give 10
давно́	long ago 3
да́же	even 13
далеко́	far, a long way 4
Да́льний Восто́к	Far East 22
дальне́йший	further, subsequent 15
да́нные	data, facts, information 15
дань (f.)	tribute 21
дари́ть/подари́ть	to give as a present 21
да́та	date 17
да́ча	country house 5
дверь (f.)	door 3
движе́ние	movement, motion 6
дворе́ц	palace 20
де́вочка	girl 2
Дед Моро́з	Father Christmas, Santa Claus 21
де́душка	grandfather 2
де́лать/сде́лать	to do, to make 4
де́ло (pl. дела́)	business, matter 21
дека́брь (m.)	December 15
день (m.) (pl. дни)	day 5
день рожде́ния	birthday 22
де́ньги	money 13
дере́вня	country, village 2
де́рево (pl. дере́вья)	tree 13
деревя́нный	wooden 7
десе́рт	dessert 10
дета́ль (f.)	detail 15
детекти́в	detective movie 20
де́ти	children 1
де́тская	children's room 3
де́тство	childhood 11
дешёвый	cheap 7
де́ятельность	activities, work 8
джем	jam 10
дива́н	couch 3
дискоте́ка	discotheque 8
дли́нный	long 6
для	for 7
днём	in the afternoon 8
до	to, up to, as far as 8
до́брый	kind 2
дово́лен	content 3
догово́р	agreement, contract 15
Договори́лись!	Agreed! 9
доезжа́ть/дое́хать	to reach 23
дождь (m.)	rain 13
докуме́нт	document 15
до́лжен	must, to have to 11
дом (pl. дома́)	house, home; apartment building 1
до́ма	at home, to be in 1
домохозя́йка	housewife 2
доро́га	road, way, journey 4
дорого́й	expensive 5
до́рого	it's expensive 7

до свида́ния	goodbye 1
достава́ть/доста́ть	to get 20
доста́точно	enough 3
достопримеча́тельности	tourist sights 23
дочь (pl. до́чери)	daughter 1
дразни́ть	to tease, to call names 18
друг (pl. друзья́)	friend
друго́й	another, other 7
дру́жный	friendly 2
ду́мать/поду́мать	to think 7
дуть/поду́ть	to blow 13
духи́	perfume 21
душ	shower 3
дя́дя	uncle 2

Е (ё)

Евро́па	Europe 17
его́	his 1
её	her 1
ежедне́вно	daily 19
е́здить/е́хать/ пое́хать	to go (by transportation), to travel 8
ей	her, to her 2
ему́	him, to him 2
ёлка	fir/Christmas tree 21
е́сли	if 3
есть/съесть	to eat 10
ещё	still, again, more 2

Ж

жаль	it's a pity 5
жа́рко	hot 13
ждать/подожда́ть	to wait for 1
жела́ние	a wish 22
жела́ть/пожела́ть	to wish 11
желе́зная доро́га	railroad 16
железнодоро́жный	railroad (adj.) 10
жёлтый	yellow 7
жена́	wife 1
жена́т	married 2
же́нский	lady's 7
же́нщина	woman 2
же́ртва	victim 19
жи́вопись (f.)	painting 23
живо́т	stomach 18
жизнь (f.)	life 22
жить	to live 2
журна́л	magazine, journal 15
журнали́ст	journalist 11
жюри́	jury 20

З

за	behind, beyond 4
заболева́ть/заболе́ть	to be/fall ill 18
забыва́ть/забы́ть	to forget 15
зави́сеть от	to depend on 13
заво́д	factory 1
за́втра	tomorrow 8
за́втрак	breakfast 10
за́втракать	to have breakfast 5
загора́ть/загоре́ть	to sunbathe 9
за́город	in the country 8

за грани́цу	abroad 17
зада́ча	task, goal 11
зака́з	order, reserve 16
зака́зывать/заказа́ть	to book, to order 10
зака́нчивать/ зако́нчить	to finish, to graduate from 11
закрыва́ть(ся)/ закры́ть(ся)	to close 6
закры́тый	closed 6
заку́ски	appetizers, snacks 10
зал	hall 23
замеча́тельный	remarkable, splendid 20
за́мужем	married 22
занима́ться/ заня́ться	to occupy oneself with 11
за́нят	busy, occupied, engaged 1
заня́тие	occupation 19
за́падный	western 23
запи́сывать/ записа́ть на ви́део	to record on video 11
запреща́ть/запрети́ть	to forbid 19
зарубе́жный	foreign 16
заря́дка	morning exercises 11
заходи́ть/зайти́	to stop by 20
заявля́ть/заяви́ть	to apply, to declare 20
звать/позва́ть	to call 1
звезда́	star 6
звони́ть/позвони́ть	to phone 8
зда́ние	building 4
здесь	here 1
здоро́вье	health 11
здо́рово!	that's great! 11
здра́вствуй(те)	hello 2
зелёный	green 6
земля́	land, earth, ground 3
зе́ркало	mirror 3
зима́	winter 13
зи́мний	winter 7
знако́мый	acquaintance 17
знамени́тый	well-known 20
зна́ние	knowledge 22
знать	to know 3
зна́чит	so, it means that 20
зонт	umbrella 13
зуб (pl. зу́бы)	tooth 18
зубно́й врач	dentist 18

И

и	and 1
игра́	game 11
игра́ть/сыгра́ть	to play 3
игро́к	player 11
иде́я	idea 21
идти́	to go 4
из	from, out of 1
изве́стный	famous 17
извиня́ть/извини́ть	to excuse 1
изуча́ть/изучи́ть	to study, to learn 6
и́ли	or 2
им	them, to them 4
и́менно	precisely 22
и́мпортный	imported 6
и́мя (pl. имена́)	name 1

и́ндекс	zip code, postcode 18
инжене́р	engineer 1
иногда́	sometimes 22
интересова́ться/ заинтересова́ться	to be interested (in) 11
интере́сный	interesting 4
испо́льзовать	to use 10
Ита́лия	Italy 15
италья́нский	Italian 15
ию́ль (m.)	July 15
ию́нь (m.)	June 15
их	their 2

К

кабине́т	office, study 3
Кавка́з	Caucasus 9
ка́ждый	every, each 5
каза́ться/показа́ться (мне ка́жется)	to seem (it seems to me) 3
как	how, as 1
како́й	which, what sort of 3
како́й-нибу́дь	any 20
календа́рь (m.)	calendar 1
кана́л	canal 23
кани́кулы	(school) vacation 9
капу́ста	cabbage 10
каранда́ш	pencil 3
ка́рий	hazel, brown (eyes) 14
карти́на	picture 3
карто́шка	potatoes 10
ка́сса	cash desk, ticket office 1
касси́р	cashier, ticket clerk 1
кастрю́ля	saucepan 21
ката́ться на лы́жах	to go skiing 6
ка́тер	motorboat 6
ка́торга	hard labor 21
кафе́	café 4
ка́ша	porridge 10
кварти́ра	apartment 1
кем	by whom 11
ке́мпинг	camping
кефи́р	yogurt 10
килогра́мм	kilogram 10
киломе́тр	kilometer 16
кинотеа́тр	cinema 1
кио́ск	stand, kiosk 15
кла́дбище	cemetery 23
кли́мат	climate 14
кло́ун	clown 4
клуб	club 4
кни́га	book 1
ковёр	carpet 3
когда́	when 5
кого́	whom 8
ко́жаный	leather 7
коле́но	knee 18
колле́га	colleague 16
коллекционе́р	collector 17
кома́нда	team 5
командиро́вка	business trip 16
ко́мната	room 4
компа́ния	company 5
компле́кт	set 17
компози́тор	composer 3

кому́	to whom, for whom 7
комфорта́бельный	comfortable 23
конве́рт	envelope 17
конди́терская	candy store, sweetshop 10
коне́чно	of course 2
ко́нкурс	competition 20
консе́рвы	canned foods 10
контине́нт	continent 17
конфе́та	candy, sweet 6
конча́ться/ко́нчиться	to finish, to end 5
коньки́	skates 11
коро́бка	box 10
коро́ткий	short 6
косме́тичка	make-up case 19
костю́м	suit 7
ко́фе	coffee 10
кофе́йник	coffee pot 21
кошелёк	purse 19
ко́шка	cat 3
кра́й	edge, border 22
краси́вый	beautiful 1
кра́сный	red 6
кре́йсер	cruiser 23
Кремль	Kremlin 1
кре́пость (f.)	fortress 23
кре́сло	armchair 3
крова́ть (f.)	bed 21
кру́жка	mug 21
к сожале́нию	unfortunately
кста́ти	to the point 11
кто	who 1
кто́-то	someone 19
ку́бок	trophy (sports) 11
куда́	where ... to 5
культу́рный	cultural 6
купа́ться	to bathe 9
купе́	compartment 16
купи́ть (perf.)	to buy 4
кура́нты	chime 21
кури́ть/закури́ть	to smoke 4
кусо́к	piece, bit 10
ку́рсы	courses 5
ку́ртка	coat, jacket 7
ку́хня	kitchen, cuisine 3

Л

ла́мпа	lamp 1
легенда́рный	legendary 23
лёд (на льду́)	ice (on ice) 8
лежа́ть	to lie, to be lying down 3
ле́кция	lecture 17
лека́рство	medicine 18
лес (pl. леса́)	forest 9
лет (pl.)	years 2
лета́ть/лете́ть/ полете́ть	to fly 16
ле́тний	summer (adj.) 9
ле́то	summer 13
ле́том	in summer 13
лимо́н	lemon 10
лимона́д	lemonade 10
литерату́ра	literature 6
литр	liter 10

лифт	elevator 3	
лицо́	face 19	
ли́чный	personal 11	
лоб	forehead 14	
лови́ть	to catch 9	
ло́дка	boat 13	
ло́жа	theater box 20	
ло́жка	spoon 3	
ложи́ться/лечь спать	to go to bed 5	
ло́коть (m.)	elbow 18	
лу́чше	better 9	
лу́чший	best 9	
лы́жи (pl.)	skis 13	
люби́ть	to like, to love 5	
люби́мый	favorite 3	
лю́ди (pl.)	people 4	

М

магази́н	shop 2
май	May 15
ма́ленький	small, little 2
ма́ло	little, few 17
ма́льчик	boy 1
ма́рка	stamp 17
март	March 15
ма́сло	butter, oil 10
ма́стер	master 11
мастерска́я	workshop 24
матрёшка	Russian doll 1
мать (pl. ма́тери)	mother 1
матч	match 11
маши́на	car 3
мёд	honey 10
медпу́нкт	first-aid station 19
медсестра́	nurse 2
ме́жду	between 3
ме́жду про́чим	by the way 14
междунаро́дный	international 17
ме́лочь	change 19
меня́	me 1
меня́ть/поменя́ть	to change 11
меню́	menu 10
ме́стный	local 17
ме́сто	place, seat 1
ме́сяц	month 20
метро́	subway, underground 2
мечта́ть	to dream 11
милиционе́р	policeman 4
минера́льная вода́	mineral water 10
мину́точку!	just a minute! 3
мир	world; peace 20
мла́дший	the younger 14
мне	to me 3
мно́го	much, many 9
мо́дный	in fashion 7
мо́жет быть	perhaps 7
мо́жно	it's possible, one may 1
мой	my 1
молоде́ц!	well done! 15
молодо́й	young 6
молоко́	milk 3
молча́ть	to be silent 22
мо́ре	sea 1

морко́вь (f.)	carrots 10
моро́женое	ice cream 6
моро́з	frost 13
Москва́	Moscow 1
моско́вский	Moscow (adj.) 3
мост	bridge 18
мочь (могу́, мо́жешь, мо́гут)	to be able to 11
муж	husband 2
мужско́й	men's (adj.) 7
мужчи́на	man 14
музе́й	museum 4
му́зыка	music 6
мы	we 2
мы́ло	soap 3
мыть/вы́мыть	to wash 9
мясно́й	meat (adj.) 10
мя́со	meat 6
мяч	ball 3

Н

на	on, to 2
на́бережная	embankment 9
набира́ть/набра́ть	to dial 15
наблюда́ть	to watch 6
наве́рное	probably 5
наверху́	above, upstairs 22
над	over, above 5
надева́ть/наде́ть	to put on, to dress 18
наде́яться	to hope 15
надёжный	reliable 16
на́до	it's necessary 6
называ́ться	to be called 7
наилу́чший	best of all 21
наконе́ц	at last, finally 13
нале́во	to the left 4
написа́ть (perf.)	to write 13
напра́во	to the right 4
напро́тив	opposite 3
наро́д	people 10
на́сморк	cold (in the head) 18
настоя́щий	real, present 11
насчёт	as regards 21
находи́ть/найти́	to find 18
находи́ться	to be situated 4
национа́льный	national 11
начина́ть(ся)/ нача́ть(ся)	to begin 5
наш	our 2
не	not 1
не́бо	sky 7
небольшо́й	not big 3
нева́жно	unimportant 14
неда́вно	recently 3
недалеко́	not far 11
неде́ля	week 9
не́ за что	not at all 4
нельзя́	it's forbidden 4
немно́го	a little, a few, some 4
необы́чный	unusual 3
неожи́данность (f.)	surprise 6
неордина́рный	not ordinary 20
непло́хо	not bad 8
неплохо́й	quite good 10

непра́вильно	wrong, incorrect 15
неприя́тно	unpleasantly 13
несча́стный	unhappy, miserable 18
неудо́бный	uncomfortable, inconvenient 3
неуже́ли?	Is it true? Really? 14
нет	no 1
нигде́	nowhere 13
ни́зкий	low 3
никогда́	never 20
никто́	no one, nobody 20
никуда́	to nowhere 20
ни о чём	about nothing 20
ничего́	nothing 5
новорождённый	newborn 21
новосе́лье	house-warming 21
но́вости	news 5
но́вый	new 3
нога́	foot, leg 18
нож	knife 3
но́мер	number, hotel room 15
норма́льный	normal, usual 18
нос	nose 14
носи́ть	to wear 7
носки́	socks 1
но́ты	musical notes 3
ночь (f.)	night 1
но́чью	at night 18
ноя́брь (m.)	November 15
ну́жно	it's necessary 4
ня́ня	nursemaid 3

О

обе́д	lunch 5
обе́дать/пообе́дать	to have lunch 5
о́блоко	cloud 13
обра́тный	return (adj.) 17
обслу́живание	service 16
обсужда́ть/обсуди́ть	to discuss 15
о́бувь (f.)	footwear 7
о́бщество	society 10
о́бщий	general 16
обща́тельный	sociable 22
объявле́ние	announcement, advertisement 9
обы́чай	custom 23
обы́чно	usually 5
обы́чный	usual 2
обяза́тельно	certainly 5
о́вощи (pl.)	vegetables 10
овощно́й	vegetable (adj.) 10
одева́ть(ся)/ оде́ть(ся)	to dress 7
оде́жда	clothes 7
одея́ло	blanket 3
оди́н (f. одна́)	one, alone 1
одино́ко	lonely 18
ожида́ние	expectation 20
о́зеро	lake 9
ока́зываться/ оказа́ться	to turn out to be 19
окно́	window 1
о́коло	near, by 4
око́шко	ticket window 17
октя́брь (m.)	October 15

омлёт	omelet 10	
он	he 1	
она́	she 1	
оно́	it 1	
они́	they 1	
опа́здывать/опозда́ть	to be late 11	
опа́сность (f.)	danger 19	
о́пера	opera 6	
опла́та	payment 3	
опознава́ть/опозна́ть	to identify 19	
опуска́ть/опусти́ть	to put in (down); post 17	
о́пыт	experience 22	
опя́ть	again 4	
оре́х	nut 3	
о́сень (f.)	fall, autumn 13	
осетри́на	sturgeon 10	
осно́вывать/основа́ть	to found 8	
осо́бенно	in particular 6	
осо́бенный	special 8	
оставля́ть/оста́вить	to leave (to forget) 19	
остана́вливаться/ останови́ться	to stay, to stop 9	
остано́вка	stop 4	
осторо́жно!	be careful, look out! 19	
осуществля́ть/ осуществи́ть	to carry out 10	
от	(away) from 2	
отбо́р	selection 11	
отве́т	answer, reply 1	
отве́тственность (f.)	responsibility 11	
отве́тственный	responsible 11	
отгру́зка	loading 10	
о́тдых	rest, holiday 9	
отдыха́ть/ отдохну́ть	to rest, to have a holiday 5	
оте́ц	father 2	
оте́чественный	patriotic 21	
отка́зываться/ отказа́ться	to refuse 18	
открыва́ть(ся)/ откры́ть(ся)	to open 6	
откры́тка	postcard 13	
откры́тый	open 10	
отку́да	from where 1	
отли́чный	excellent 13	
отправля́ть/ отпра́вить	to post 4	
о́тпуск	leave 16	
отходи́ть/отойти́	to move away from 16	
о́чень	very 1	
очередно́й	next, regular 20	
о́чки	glasses 14	

П

пала́тка	tent 9	
па́лец	finger 18	
пальто́	coat 3	
па́мятник	monument 23	
па́мятный	memorable 17	
па́мять (f.)	memory 21	
па́пка	folder 19	
па́рень	lad 14	
парк	park 1	
парте́р	stalls 20	

парфюме́рия	perfumery 7	
па́смурно	cloudy, dull 13	
Па́сха	Easter 21	
па́чка	package 10	
певи́ца (f.)	singer (f.) 20	
пе́рвое	first course (of a meal) 10	
пе́рвый	first 10	
перегово́ры	negotiations 16	
пе́ред	before, in front of 3	
передава́ть/переда́ть	to hand over 13	
переда́ча	transmission 11	
переезжа́ть/ перее́хать	to move into, to cross 23	
перекрёсток	crossroads 4	
переса́дка	transfer, change (on bus etc.) 5	
пери́од	period 11	
пе́сня	song 1	
пече́нье	cookie, biscuit 10	
пешко́м	on foot 4	
пиани́но	piano 3	
пи́во	beer 6	
пиро́г	pie 10	
пиро́жное	small cake 10	
писа́ть/написа́ть	to write 5	
письмо́	letter 1	
пита́ние	food, nourishment 10	
пита́ться	to eat 18	
пить (пью, пьёшь)	to drink 16	
пи́цца	pizza 10	
пла́вание	swimming 11	
пла́вать/плыть	to swim 5	
плака́т	poster 17	
план	map, plan 4	
пласти́нка	record 7	
плати́ть/заплати́ть	to pay 7	
платфо́рма	platform 16	
пла́тье	dress 1	
плацка́рта	reserved seat 16	
пли́тка	bar (of chocolate) 10	
пло́хо	badly 13	
плохо́й	bad 1	
пло́щадь (f.)	square 6	
пляж	beach 9	
по	on, over, along 5	
по-англи́йски	in English 1	
побе́да	victory 21	
побежда́ть/победи́ть	to win 20	
поболта́ть (perf.)	to have a chat 22	
повезло́!	lucky 20	
пови́дло	jam 10	
по́вод	reason 11	
погиба́ть/поги́бнуть	to perish 19	
поги́бший	perished 21	
пого́да	weather 13	
под	under 3	
пода́рок	present, gift 7	
подру́га	girlfriend 1	
подборо́док	chin 14	
поду́шка	pillow 3	
подходи́ть/подойти́	to come up to, to approach; to be suitable 21	
по́езд	train 14	

пое́здка	trip 23	
пожа́луйста	please 1	
пожела́ние	wish 21	
позади́	behind 3	
позвони́ть (perf.)	to phone 13	
по́здно	late 5	
познако́миться	to get to know (someone), to become acquainted 14	
пока́	bye-bye 22	
покупа́ть (perf.)	to buy 15	
пол (на полу́)	floor (on the floor) 3	
по́ле	field 13	
поле́гче	a bit easier 20	
поле́зный	useful 15	
поликли́ника	polyclinic 14	
политехни́ческий	polytechnic 14	
полити́ческий	political 6	
полкило́	half a kilo 10	
по́лночь (f.)	midnight 11	
полови́на	half 5	
получа́ть/получи́ть	to get, to receive 12	
по́льзоваться	to use 16	
поменя́ть (perf.)	to change 7	
помидо́р	tomato 7	
помога́ть/помо́чь	to help 6	
по-мо́ему	in my opinion 16	
понеде́льник	Monday 5	
понима́ть/поня́ть	to understand 4	
понра́виться (perf.)	to enjoy 8	
поня́тно	I see 4	
попада́ть/попа́сть	to reach, to get to 15	
поправля́ться/ попра́виться	to get better 18	
пора́	it's time 18	
портфе́ль (m.)	briefcase, attaché case 14	
по-ру́сски	in Russian 1	
посети́тель (m.)	visitor 8	
посеща́ть/посети́ть	to visit 16	
посеще́ние	visit 23	
по́сле	after 5	
после́дний	last 23	
посмотри́(те)!	look! 1	
поста́вка	supply 10	
посте́ль (f.)	bedding 18	
поступа́ть/поступи́ть	to enter 19	
посу́да	dishes 9	
посыла́ть/посла́ть	to send	
потоло́к	ceiling 3	
пото́м	then 4	
похо́д	hike 11	
похоро́нен	buried 23	
почему́	why 7	
по́чта	post office 2	
почтальо́н	mailman 17	
почти́	almost, nearly 13	
поэ́тому	therefore 5	
пра́вда	truth 11	
пра́вило	rule 20	
пра́вильно	correctly 17	
пра́здник	public holiday, festival 21	
пра́ктика	practice 6	

125

превыше́ние	exceeding 19	
предвари́тельный	preliminary 16	
предлага́ть/ предложи́ть	to offer 10	
предложе́ние	suggestion, proposal 15	
предпочита́ть/ предпоче́сть	to prefer 6	
предприя́тие	enterprise 7	
представи́тель (*m.*)	representative 7	
представля́ть/ предста́вить	to present, to represent 20	
представле́ние	performance 20	
предстоя́ть	to be in prospect 11	
предстоя́щий	forthcoming 11	
пре́жде всего́	first of all 18	
прекра́сно	splendidly 14	
прекра́сный	wonderful 9	
прести́жный	prestigious 20	
прибыва́ть/прибы́ть	to arrive 16	
приве́т	regards 5	
привози́ть/привезти́	to bring 17	
приглаша́ть/ пригласи́ть	to invite 7	
принима́ть/приня́ть	to take 5	
принима́ть уча́стие	to take part 20	
приро́да	nature 13	
приходи́ть/прийти́	to come 24	
прихо́жая	lobby 3	
причи́на	reason 19	
прия́тно	pleasantly 1	
прия́тный	pleasant 2	
проверя́ть/прове́рить	to check up 16	
проводи́ть/провести́	to lead, to conduct 20	
проводни́к	conductor 10	
прогно́з	forecast 13	
продава́ть/прода́ть	to sell 16	
проду́кты	food 12	
прое́кт	project, scheme 12	
произведе́ние	literary work 23	
производи́ть/ произвести́	to produce 15	
произво́дство	product 10	
происходи́ть/ призойти́	to happen 19	
происше́ствие	event, incident 19	
про́сто	simply 1	
просыпа́ться/ просну́ться	to wake up 3	
прохла́дно	chilly 13	
проходи́ть/пройти́	to take place 13	
прояв**и́ть/проявля́ть	to show, to display 11	
пря́мо	straight 4	
путеше́ствие	journey 16	
путеше́ствовать	to travel 23	
пя́тница	Friday 5	
пять	five 1	
пятьдеся́т	fifty 7	

Р

рабо́та	work 2
рабо́тать	to work 2
рабо́тница	working woman 18
рабо́чий	worker 4
рад	glad 1
раз	one time, once 11

разбива́ть/разби́ть	to break 19
разгово́р	talk, conversation 15
разде́льный	separate 3
разделя́ть/раздели́ть	to divide 15
разме́р	size 7
разли́чный	various 9
ра́зный	different 17
разруша́ть/ разру́шить	to destroy 21
ране́ние	wound, injury 19
ра́ньше	before, until 8
расписа́ние	timetable, schedule 16
расска́зывать/ рассказа́ть	to tell 9
рассле́дование	investigation 19
реали́зовать	to sell 7
ребёнок (*pl.* де́ти)	child 17
ребя́та	children, kids 11
регистра́ция	registration 19
режи́м	regime 18
результа́т	result 11
рейс	flight 15
река́	river 6
рекла́ма	advertisement 15
религио́зный	religious 21
ремо́нт	repair 19
репертуа́р	repertoire 20
реце́пт	prescription 18
реша́ть/реши́ть	to decide, to solve 13
роди́тели	parents 2
роди́ться	to be born 22
родно́й	native 6
ро́дственник	relative 21
Рождество́	Christmas 21
рок-му́зыка	rock music 6
роль (*f.*)	role 11
роско́шный	luxuriant 23
Росси́я	Russia 3
рост	height 14
рот	mouth 14
руба́шка	shirt 1
рубль (*m.*)	rouble 7
рука́	arm, hand 14
ру́сский	Russian 3
ру́чка	pen 1
ры́ба	fish 6
рыба́лка	fishing 19
рюкза́к	knapsack, rucksack 13
ряд	row; a number (of) 20
ря́дом с	next to, close, near 4

С

с	with, from, off 5
сад	garden 2
сади́ться/сесть	to sit down 1
сала́т	salad 10
самолёт	airplane 9
са́мый	most 20
са́уна	sauna 4
сбо́рная	combined team 11
сва́дьба	wedding 22
све́жий	fresh 18
свети́ть	to shine 13
све́тлый	fair, light 3

светофо́р	traffic lights 19
сви́тер	sweater 7
свобо́дный	free 1
сдава́ть/сдать	to take (exams) 9
сда́ча	change 10
себе́, себя́	oneself 11
се́верный	northern 23
сего́дня	today 11
сейча́с	now 2
секрета́рь (*m.*)	secretary 3
семь	seven 1
семья́	family 2
сентя́брь (*m.*)	September 15
серьёзный	serious 19
се́рый	grey 7
сестра́ (*pl.* сёстры)	sister 2
сиби́рский	Siberian 21
сиде́ть	to sit, be seated 2
си́льный	strong 13
сия́ть	to shine, to gleam 6
сказа́ть (*perf.*)	to say 4
сквер	square 6
сковорода́	frying pan 21
ско́льзкий	slippery 19
ско́лько	how much, how many 1
ско́рая по́мощь	ambulance 19
ско́ро	soon 2
ско́рость (*f.*)	speed 19
скульпту́ра	sculpture 23
скуча́ть	to miss somebody/ something 23
ску́чный	boring 13
сла́бость (*f.*)	weakness 18
сла́дкий	sweet 18
сле́ва	to the left 4
сле́дующий	next 22
сли́шком	too 6
слова́рь (*m.*)	dictionary 3
сло́жный	complicated 6
слома́ть(ся) (*perf.*)	to break 19
слон	elephant 7
слу́жба	service 19
служи́ть/послужи́ть	to serve 22
случа́ться/случи́ться	to happen 19
случа́йно	by chance 19
слу́шать/послу́шать	to listen 6
слы́шать/услы́шать	to hear 18
смея́ться	to laugh 8
смотре́ть/посмотре́ть	to look at 5
снача́ла	at first 7
снег	snow 7
соба́ка	dog 1
собира́ть/собра́ть	to collect, to gather 8
собира́ться/ собра́ться	to prepare oneself, to intend 9
соблюда́ть	to observe 18
собо́р	cathedral 23
соверша́ть/ соверши́ть	to accomplish, to commit 16
сове́т	advice 18
сове́товать/ посове́товать	to advise
совеща́ние	conference, meeting 5
совреме́нный	modern 4

совсе́м	quite, entirely 5		счáстье	happiness 21

совсе́м — quite, entirely 5
сок — juice 10
со́лнце — the sun 1
сообща́ть/сообщи́ть — to inform
соревнова́ние — competition 11
сорт — grade, kind 10
сосе́д — neighbour 19
соста́в — staff, team 11
состоя́ться — to take place 20
сотру́дничать — to cooperate 7
спа́льня — bedroom 3
спаси́бо — thank you 1
спать — to sleep 5
специали́ст — specialist 7
споко́йный — calm 6
спорти́вный — sports, casual 7
спортсме́н — sportsman 11
спо́ртзал — gymnasium 4
спортла́герь (m.) — sport camp 9
спра́ва — to the right 4
спра́вка — enquiry 16
спра́вочное (бюро́) — information desk 16
спра́шивать/спроси́ть — to ask 8
среда́ — Wednesday 5
сро́чно — urgently 16
сро́чный — urgent 17
стадио́н — stadium 2
стака́н — a glass 3
станови́ться/стать — to become 17
ста́нция — station 4
стари́к — old man 3
ста́рший — elder 14
ста́рый — old 3
стара́ться/постара́ться — to try 18
стесня́ться/постесня́ться — to be shy, to feel ashamed 18
стира́ть/постира́ть — to do the laundry 21
стих — verse 6
сто — one hundred 7
сто́имость (f.) — price 9
сто́ить — to cost 7
стол — table 3
столи́ца — capital 6
столкну́ться (perf.) — to collide 19
сторона́ — side 3
стоя́ть — to stand 3
страна́ — country, land 1
страни́ца — page 16
стра́нник — wanderer 20
стрела́ — arrow 16
стро́гий — strict 20
стро́ить/постро́ить — to build 22
строи́тельство — construction 23
стро́йный — slender 14
стул (pl. сту́лья) — chair 3
суббо́та — Saturday 5
сувени́р — souvenir 7
суда́к — perch 10
с удово́льствием — with pleasure 13
су́мка, су́мочка — purse, handbag
суп — soup 10
счастли́вый — happy 14
Счастли́вого пути́! — Have a good journey! 16

счáстье — happiness 21
счёт — bill 10
США — USA 1
сын — son 2
сыр — cheese 10
сы́ро — it's wet 13
сюда́ — here, this way 13

Т

так — so 5
тако́й — such 18
такси́ — taxi 4
там — there 1
танцева́ть — to dance 6
таре́лка — plate 3
твой — your, yours 5
телеви́зор — TV 3
телефо́н — telephone 3
те́ло — body 18
тем не ме́нее — nevertheless 11
те́ннис — tennis 11
тёмный — dark 3
тепе́рь — now 4
тепло́ — it's warm 13
теря́ть/потеря́ть — to lose 22
тетра́дь (f.) — exercise book 21
тётя — aunt 1
ти́хий — quiet 3
това́ры — goods 7
то́же — too, also 9
толсте́ть/потолсте́ть — to get fat 18
то́лстый — fat, stout, thick 6
то́лько — only 2
тома́т — tomato 10
тон (pl. тона́) — shade, tint 7
то́нкий — thin 6
торго́во-комме́рческий — advertisement 7
торже́ственный — festive 21
торт — cake 10
тост — toast 23
то́чно — exactly 7
трава́ — grass 7
тракто́рист — tractor driver 4
трамва́й — streetcar, tram 1
тре́бовать/потре́бовать — to demand 7
тре́нер — coach, trainer 11
тренирова́ться — to train 11
тре́тий — third 16
три — three 1
тру́дность (f.) — difficulty 11
тру́дный — difficult 11
турба́за — tourist center 13
туда́ — there 4
туале́т — toilet 3
тури́ст — tourist 1
турни́р — tournament 11
тут — here 1
ту́фли — shoes 7
ты — you 1
ты́сяча — one thousand 7
тяжёлый — hard 11

У

у — by 5
убира́ть/убра́ть — to tidy 21
уважа́емый — respected 14
уваже́ние — respect, esteem 14
уве́ренный — sure 18
увлека́ться/увле́чься — to be keen on 11
увлече́ние — hobby 17
у́гол — corner 3
у́голь (m.) — coal 7
уда́ча — luck 18
удо́бный — comfortable, convenient 3
удо́бства — conveniences, facilities 3
у́дочка — fishing rod 19
уезжа́ть/уе́хать — to go away, to leave 23
ужа́сно — it's terrible 19
уже́ — already 3
у́жин — supper 10
у́жинать/поу́жинать — to have supper 5
узнава́ть/узна́ть — to find out, to recognize 17
украи́нский — Ukrainian 10
укра́сть (perf.) — to steal 19
украша́ть/укра́сить — to decorate 21
у́лица — street 1
у́личное движе́ние — traffic 6
улыба́ться/улыбну́ться — to smile 11
умира́ть/умере́ть — to die 22
у́мный — clever 1
универма́г — department store 7
упа́сть (perf.) — to fall over 19
уро́к — lesson, unit 1
усе́рдно — zealously 11
усло́вие — condition 10
услу́га — service, favor 16
успе́х — success 11
успока́иваться/успоко́иться — to calm down 19
устава́ть/уста́ть — to be tired 11
у́тро — morning 5
у́тром — in the morning 8
утю́г — iron (for clothes) 3
уча́ствовать — to take part, to participate 11
учёба — studies 15
учи́тель (m.) — teacher 9
учи́ться — to study 2
ушиба́ться/ушиби́ться — to hurt oneself 19
уха́ — fish soup 10
у́хо (pl. у́ши) — ear 14
ую́тный — cosy 4

Ф

факс — fax 15
факульте́т — faculty 22
фами́лия — surname 1
февра́ль (m.) — February 15
фигу́рное ката́ние — figure skating 20
филатели́я — philately, stamp collecting 17
фина́нсы — finances 11

финанси́ровать	to finance 11		
фина́нсовый	financial 11		
фи́рма	firm, company 2		
фона́рь *(m.)*	lantern 1		
фотогра́фия	picture 2		
фотографи́ровать	to take pictures 3		
фру́кты	fruit 10		
футбо́л	football, soccer 6		

Х

хара́ктер	character, nature 14
хлеб	bread 1
ходи́ть	to go (on foot), to walk 5
хокке́й	hockey 11
холо́дный	cold 2
хоро́ший	good 1
хорошо́	it's fine, OK 1
хоте́ть	to want 6
худо́жник	artist 8
худо́жественный	artistic 8
ху́же	worse 18

Ц

царь *(m.)*	tsar, king 1
цвет *(pl.* цвета́*)*	color 7
цвето́к *(pl.* цветы́*)*	flower 3
целова́ть(ся)	to kiss 13
це́лый	whole 17
це́нный	valuable 17
центр	center 6

Ч

чай	tea 1
ча́йник	teapot 3
час	hour 2

часы́	clock, watch 2
ча́сто	often 3
часть *(f.)*	part 18
ча́шка	cup 3
чей	whose 2
челове́к *(pl.* лю́ди*)*	person 19
чемода́н	suitcase 13
чемпио́н	champion 11
чемпиона́т	championship 11
че́рез	across 16
чёрный	black 7
четве́рг	Thursday 5
че́тверть	quarter 5
четы́ре	four 1
чини́ть/почини́ть	to mend, to repair 21
чипсы	French fries 10
число́	date, number 15
чи́стый	clean 13
чита́ть/прочита́ть	to read 5
что	what 1
что-нибу́дь	something 15
чу́вствовать/ почу́вствовать	to feel 18

Ш

шаг	(foot)step, pace 20
шампа́нское	champagne 6
шампу́нь *(m.)*	shampoo 3
шанс	chance 20
ша́пка	hat 7
ша́рф	scarf 1
шашлы́к	shashlik, kebab 10
шве́дский	Swedish 20
шёлко́вый	silk 7
шерстяно́й	woollen 7
шесть	six 1

ше́я	neck 18
широ́кий	wide 6
шкаф	closet, wardrobe 3
шко́ла	school 1
шко́льник	schoolboy 2
шокола́д	chocolate 10
шу́мный	noisy 6

Щ

щека́	cheek 1
щи	cabbage soup 10

Э

экономи́ст	economist 23
экономи́ческий	economic 6
экску́рсия	excursion 9
экскурсово́д	guide 23
электри́чка	local train 8
эта́ж	floor, storey 3
э́ти	these 1
э́то	this, it 1

Ю

ю́бка	skirt 3
юг	south 4
ю́жный	southern 3

Я

я	I
я́блоко	apple 1
я́года	berry 9
язы́к	language, tongue 5
яи́чница	fried eggs 10
яйцо́	egg 10
янва́рь *(m.)*	January 15
я́ркий	bright 7